Os Primeiros Anos de Vida

Maria Tereza Maldonado

Os Primeiros Anos de Vida

Pais e educadores no século XXI

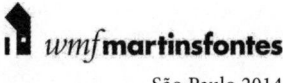

São Paulo 2014

Copyright © 2014, Editora WMF Martins Fontes Ltda.,
São Paulo, para a presente edição.

1ª edição 2014

Acompanhamento editorial
Helena Guimarães Bittencourt
Revisões gráficas
Solange Martins
Ana Paula Luccisano
Edição de arte
Katia Harumi Terasaka
Produção gráfica
Geraldo Alves
Paginação
Studio 3 Desenvolvimento Editorial

Dados Internacionais de Catalogação na Publicação (CIP)
(Câmara Brasileira do Livro, SP, Brasil)

Maldonado, Maria Tereza
   Os primeiros anos de vida : pais e educadores no século
XXI / Maria Tereza Maldonado. – São Paulo : Editora WMF
Martins Fontes, 2014.

   ISBN 978-85-7827-816-8

   1. Crianças – Desenvolvimento 2. Educação de crianças
3. Família e escola 4. Psicologia educacional I. Título.

14-01128   CDD-370.15

Índices para catálogo sistemático:
1. Educação de crianças : Psicologia educacional   370.15

Todos os direitos desta edição reservados à
Editora WMF Martins Fontes Ltda.
Rua Prof. Laerte Ramos de Carvalho, 133 01325.030 São Paulo SP Brasil
Tel. (11) 3293.8150 Fax (11) 3101.1042
e-mail: info@wmfmartinsfontes.com.br http://www.wmfmartinsfontes.com.br

Para Mariana e Cristiano, que me ensinaram a ser mãe.

Para todas as pessoas com quem teci conversas significativas que me ajudaram a escrever este livro.

Índice

Apresentação, ix

Capítulo I | Família, escola e o estado do mundo, 1

    1. Pais, educadores e crianças no século XXI, 1

    2. As famílias das crianças, 5

    3. Crescimento para todos, 7

    4. A parceria entre família e escola, 10

    5. Avós: interferência ou parceria?, 15

    6. Preparando os futuros inovadores, 18

    7. Cuidado com o consumismo!, 22

    8. Descobrindo a beleza, 25

    9. Os bebês são competentes!, 28

    10. As crianças são nossos professores!, 31

    11. A descoberta do irmão, 34

Capítulo II | Os principais vetores do desenvolvimento, 39

    1. A força do desejo, 39

    2. Criancinhas tirânicas, 42

    3. Aprendendo a lidar com a raiva, 44

    4. Aprendendo a lidar com o medo, 51

5. Choro é comunicação!, 58

6. A fala e outras linguagens, 60

7. Amamentação e desmame: transição importante, 64

8. Na hora das refeições, 72

9. O sono: área sensível, 75

10. As "palavrinhas mágicas": o eu e o nós, 83

11. Brinquedos e brincadeiras, 86

12. Conquistando o espaço, 93

13. Tirando as fraldas, 99

14. Os primórdios da sexualidade, 106

15. Desenvolvendo a autonomia, 112

16. Estimulando os sentidos, a memória e a imaginação, 115

Capítulo III | Construindo a evolução dos relacionamentos, 123

1. Tecendo uma nova pessoa, 123

2. Limites e consequências, 129

3. Conversando sobre os sentimentos, 133

4. Os "combinados": como lidar com os conflitos, 137

5. Estimulando a cooperação, 141

6. Educando crianças para construir a paz, 144

7. Palavras finais, 147

Apresentação

Acompanho, com muito interesse, a evolução dos estudos da neurociência, que mostra a profunda influência dos vínculos afetivos na formação da pessoa desde a época da gestação e sua repercussão no decorrer da vida. Porém, atuando como palestrante em todo o Brasil, percebo que, na maioria dos casos, a parceria família-escola está insatisfatória. Com a agenda sobrecarregada por múltiplos compromissos, muitos pais desejam "terceirizar" a educação dos filhos sem se dar conta de que isso não é possível nem desejável.

Os pequenos momentos do cotidiano são ricos para desenvolver habilidades e competências desde os primeiros anos de vida, para fazer face aos inúmeros desafios do século XXI. Os adultos que cuidam de crianças pequenas cumprem melhor a missão de educá-las quando respeitam suas características, oferecem oportunidades de expandir sua natural curiosidade, criatividade e desejo de construir o conhecimento, estimulam o convívio respeitoso com as diferenças e encorajam a criação conjunta de soluções satisfatórias para os conflitos que surgem. Trilhando esse caminho, esses adultos dão prosseguimento ao seu próprio desenvolvimento pessoal, aprendendo com as crianças e mantendo vivo (ou reacendendo) o encantamento pelas descobertas de cada dia. Com muito amor.

Escrevi *Os primeiros anos de vida – pais e educadores no século XXI* esperando que as informações e as reflexões contidas sejam úteis para ampliar a percepção sobre a importância dos primeiros anos de vida na "tecelagem" das pessoas que estão chegando a esse mundo. Também espero que este livro inspire, nos gestores responsáveis pelas políticas públicas, múltiplas ações inovadoras para que famílias e educadores possam, com amor e competência, acolher bebês e crianças pequenas e aproveitar o privilégio de acompanhar seu desenvolvimento.

Rio de Janeiro, 2014.

Capítulo I

Família, escola e o estado do mundo

1. Pais, educadores e crianças no século XXI

Cada século é marcado por desafios, riscos e possibilidades. Desde os primórdios da humanidade, caminhamos entre luzes e sombras, com cenários desoladores e cenários promissores. As transformações que se acumulam chegam a um ponto que nos conduzem às chamadas "mudanças de paradigma", que demandam posturas e ações inovadoras. Ao enfrentar os novos desafios do século XXI, constatamos que alguns recursos antigos deixaram de funcionar: é preciso criar maneiras mais eficazes de lidar com a realidade atual, abrindo possibilidades de viver melhor.

Sob muitos aspectos, não estamos vivendo em um mundo seguro: enfrentamos desastres naturais, ataques terroristas, instabilidade econômica, imprevisibilidade. Precisamos criar estratégias para lidar com tudo isso, encontrar novas forças. Cuidar dos vínculos na intimidade das famílias e no ambiente escolar forma bons alicerces para a resiliência – a capacidade de enfrentar as adversidades sem se deixar abater.

Amor, sensibilidade, carinho e dedicação atravessam os séculos e continuam sendo os fatores essenciais para educar as crianças. Se, por um lado, estamos vivendo em um mundo com cenários desoladores, por outro, felizmente, encontramos cenários esperançosos que poderão reverter graves problemas desde que possamos coletivamente fazer uma Revolução de Consciência que resulte em mudanças significativas da nossa maneira de pensar, agir e viver.

A parceria família-escola, desde os primeiros anos de vida, tem uma responsabilidade bela e profunda: preparar amorosamente as gerações que chegam a esse mundo para enfrentar as dificuldades, desenvolvendo a criatividade e as competências necessárias para fazer contribuições relevantes no sentido de ampliar os cenários esperançosos. Mas, para isso, é preciso começar por nós mesmos: ao cuidar de bebês e de crianças pequenas na "equipe familiar" e na "equipe escolar", temos muitas oportunidades de rever ideias, sair das nossas "zonas de conforto" e agir no sentido de promover as mudanças que gostaríamos de ver no mundo.

O Relatório de 2013 do Fórum Econômico Mundial e o Relatório de 2012 sobre o Estado do Mundo do Worldwatch Institute apresentam informações importantes sobre os dois cenários em que vivemos no século XXI. O que se ressalta é a urgência de abandonar o modelo econômico de crescimento contínuo que define prosperidade como capacidade de consumir bens materiais e acumular riquezas: esse modelo tornou-se inviável, pois estamos explorando cerca de 50% a mais de recursos naturais do que o planeta consegue suportar. As mudanças climáticas são uma das consequências dessa postura, e grande parte da família humana já sofre com escassez de água, contaminação do solo, altos níveis de poluição. Esses fatores geram problemas graves de saúde e pioram a qualidade de vida de grande parte da "família humana". Além disso, observamos uma incidência de fenômenos naturais cada vez mais graves e frequentes que devastam extensas regiões e atingem um grande número de pessoas.

Em poucas décadas, os seres humanos alteraram o ecossistema com uma intensidade jamais vista. Como as pessoas, inclusive as crianças, podem fortalecer a resiliência para enfrentar as adversidades e criar recursos para se adaptar a alterações ecológicas tão difíceis como as previstas para um futuro próximo? Como entender a constatação de que a maioria dos que estão no poder se aferra à ideia de que é possível continuar com o mesmo modelo de crescimento para todos em um planeta sobrecarregado e exaurido em decorrência da exploração excessiva dos recursos naturais?

O aumento da população humana mundial é expressivo: no início de 1800, chegamos a um bilhão de habitantes; com os avanços da ciência e da tecnologia, ultrapassamos os sete bilhões na segunda década do século XXI. A cada ano, são mais 80 milhões chegando ao planeta! Não dá para atender a tanta gente mantendo o modelo consumista ao qual nos acostumamos. Não dá mais para definir sucesso como crescimento econômico nem confundir crescimento com aumento de consumo.

Para tentar fazer com que o planeta fique sustentável para as futuras gerações, alguns pensadores propuseram redefinir conceitos como, por exemplo, o de prosperidade, que passaria a ser a possibilidade de ter uma vida de melhor qualidade com menos consumo e mais ênfase nos relacionamentos. Na época em que prosperidade foi definida como crescimento financeiro e acesso aos bens de consumo, o mundo não estava tão densamente povoado e os recursos naturais ainda eram abundantes. No século XXI, o cenário é outro! Portanto, o capital financeiro não pode continuar sendo considerado tão mais importante do que o social e o natural. Precisamos aprender a viver em um mundo com limites. Não é mais possível buscar apenas o crescimento econômico, é preciso trabalhar em prol do bem-estar da população.

A opção consciente por um estilo de vida mais simples pode resultar em uma vida mais satisfatória, com mais tempo disponível para a família e os amigos. Para isso, é preciso aprender a se contentar com menos pertences (eletrônicos, brinquedos, roupas e tantas outras coisas cuja produção consome muitos recursos naturais e produz enorme quantidade de resíduos), andar mais a pé, utilizar transportes públicos (em vez de desejar comprar um carro para cada pessoa da família...), compartilhar o que for possível, sem tanta preocupação de "trabalhar mais para ter mais dinheiro para gastar".

Ter flexibilidade de pensamento para rever conceitos e redefinir prioridades, desenvolver o espírito inovador e empreendedor, refletir sobre as contribuições que cada um pode oferecer para a coletividade, mostrar disposição para cooperar mais do que para competir, ter visão sistêmica e resiliência para encarar as adversidades, mantendo a fé na possibilidade de vislumbrar saídas melhores que propiciem um verdadeiro bem-estar coletivo: essas são características essenciais para viver no século XXI, tão marcado por instabilidades, riscos e incertezas.

Desde a pré-escola, as práticas pedagógicas baseadas em projetos colocam para as crianças questões a ser resolvidas por meio da construção coletiva de conhecimento. No século XXI, vivemos em sociedades hiperconectadas, que tornam disponível um gigantesco volume de informações. Com isso, a escola já não é o veículo principal de acesso ao conhecimento, modificando substancialmente o papel do professor, que deixou de ser o transmissor do conhecimento e passou a ser o facilitador do processo de construção do saber, ensinando a aprender. Na família, as informações das mais variadas realidades surgem a partir de inúmeras fontes, deixando pais e avós atônitos, muitas vezes sem saber como lidar com o que a criança revela ("onde será que ela aprendeu isso?!").

Educadores, pais e crianças são eternos aprendizes: com a incrível velocidade de mudanças e o sempre crescente acesso a informações, precisamos nos atualizar constantemente. As crianças estão aprendendo coisas que muitos adultos desconhecem! Também na produção e na aquisição de conhecimento estamos passando por uma mudança de paradigmas. Ao estimular a pesquisa e a reflexão desde os primeiros anos de vida, contribuímos para a tecelagem de mentes mais abertas para pensar soluções "fora da caixa", para que esses futuros adultos sejam capazes de oferecer contribuições significativas para as mudanças necessárias neste século. Dar asas à imaginação da criança é um estímulo indispensável para expandir o pensamento inovador.

Aprender a aprender precisa acontecer junto com a educação em valores fundamentais de convívio (respeito pelo outro, cooperação, gentileza, solidariedade, entre outros) no cotidiano da família e da escola. Aprender a conviver bem com os outros desde cedo contribui para a boa "tecelagem" das criancinhas recém-chegadas ao planeta. E que nós, adultos responsáveis por cuidar desses novos seres, saibamos aproveitar as oportunidades desse convívio para criar coragem e fazer as revisões necessárias do nosso estilo de vida e do nosso modo de ser, tentando aprimorar nossas contribuições para o bem-estar de todos.

2. As famílias das crianças

As crianças nascem em diversos tipos de família: com os pais casados, morando ou não na mesma casa; com pessoas solteiras ou viúvas que decidem ter um filho biológico ou adotivo fora do contexto de uma relação amorosa estável; com os avós chefes de família que acolhem e sustentam filhos e netos formando lares com três gerações; com homens e mulheres em uniões estáveis após os respectivos divórcios, com ou sem filhos dos casamentos anteriores; com casais homoafetivos que recorrem aos diversos meios de fertilização assistida ou adotam crianças por desejarem delas cuidar amorosamente.

O modelo tradicional de divisão de tarefas (mulher cuidadora, homem provedor) deixou de ser predominante: a mulher, atualmente, representa mais da metade da força de trabalho no mundo. Portanto, para criar filhos, é preciso que homens e mulheres partilhem as funções de prover e de cuidar. Quando ambos trabalham em horários flexíveis, conseguem se alternar para atender ao filho no decorrer do primeiro ano de vida, a fim de que não seja preciso colocá-lo na creche; posteriormente, ele conseguirá se integrar melhor com outras crianças.

Em todas as organizações familiares é possível construir um lar harmônico. Ou não. Os laços de sangue não são os mais importantes, especialmente quando examinamos as estatísticas da violência intrafamiliar: a maioria das pessoas que abusam de crianças e de adolescentes pertence às suas famílias "de sangue". Portanto, o essencial é o compromisso de amar e de cuidar. Nas famílias-mosaico (que surgem a partir de novas uniões, juntando os filhos de casamentos anteriores com os do casal atual), as possibilidades de construir relacionamentos significativos acontecem não só entre os "irmãos de convívio" como também entre o homem e os filhos de sua atual mulher e vice-versa.

As escolas, desde a etapa da creche/pré-escola, podem estimular as conversas com as crianças sobre a diversidade das organizações familiares, por meio das brincadeiras com fantoches, bonecos de pano, desenhos e fotos da família de cada uma. Desenvolver a noção de que todos os tipos de organização familiar são legítimos e precisam ser respeitados é um aspecto da noção de que, assim como as famílias, as pessoas apresentam semelhanças e diferenças entre elas, e todas precisam ser respeitadas em suas particularidades. Esse trabalho, feito pela parceria entre família e escola, é a melhor maneira de evitar a formação de preconceitos.

No século passado, muitas crianças eram discriminadas por terem pais "desquitados", "mães solteiras" ou por serem adotadas; atualmente, em alguns contextos sociais, o preconceito que considera as famílias formadas por pais divorciados ou as novas uniões hétero ou homoafetivas como "erradas" ou "anormais" ainda é muito forte. Os preconceitos que dão origem às discriminações e à prática do *bullying* também se dirigem às pessoas que são consideradas desvalorizadas por causa da cor da pele ou de características físicas que não se encaixam nos padrões de beleza socialmente aceitos.

Em todos os tipos de família é preciso "adotar no coração", inclusive os filhos biológicos, porque dificilmente a criança real é idêntica à sonhada pelos pais e pelos avós.

Todos os tipos de família
Têm que adotar no coração.
Laços de sangue não garantem
Que as crianças cresçam bem.
O que importa é o compromisso de amar e de cuidar.
Acompanhar o crescimento com carinho e atenção
Permite construir um lar que desenvolve amor e paz.

3. Crescimento para todos

Quando os pais, as demais pessoas da família e também a equipe escolar se deixam tocar emocionalmente ao acompanhar o desenvolvimento dos bebês e das criancinhas, o crescimento é para todos. Dentro de cada adulto há resquícios de todas as etapas anteriores: por isso, é tão comum "bater de frente" com a criancinha em disputas de poder e ataques de irritação, como se ambos tivessem três ou quatro anos de idade. "Ele me leva à loucura" é uma frase dita com frequência por pais exasperados com a teimosia da criança ou com a incansável insistência para tentar conseguir o que deseja. Do ponto de vista da criança, ouvir uma frase como essa é fascinante e assustador: por um lado, revela um enorme poder (tão pequena e já consegue tirar adultos do sério...); por outro, desperta a sensação de desamparo (ninguém consegue tomar conta dessa criança?). Educar com firmeza e serenidade é uma conquista!

As oportunidades de rever a própria história são inúmeras e, com elas, as possibilidades de mudança e de amadurecimento. Infelizmente, os mais resistentes e empedernidos afirmam com ênfase: "Eu sempre fui assim e não vou mudar!" para, com isso, justificar comportamentos que nem sempre são aceitáveis, tais como gritar e ser verbalmente abusivo com a criança ou desqualificá-la impiedosamente quando faz algo errado. As descobertas sobre a neuroplasticidade cerebral mostram que só não mudaremos se não quisermos: em qualquer época da vida, trabalhar sobre a nossa mente pode alterar as conexões neuronais que representam mudanças expressivas em nosso comportamento. Ao mudarmos nossa mente, reconfiguramos nosso cérebro. E aí reside a oportunidade de revisões e reflexões: "Digo para meu filho que não pode bater no irmãozinho e eu mesmo bato quando ele me irrita! Não posso ensinar a não bater batendo..."; "Acho importante ensinar a criança a pedir desculpas, mas eu mesma sou superorgulhosa e não gosto de dar o braço a torcer..."

A maternidade e a paternidade é uma balança de créditos e débitos: por maior que seja nosso esforço, nem sempre acertamos, os erros fazem parte da aprendizagem de cuidar dos filhos. As crianças não precisam de pais perfeitos (que nem existem):

precisam de pais amorosos, sensíveis e respeitosos, dispostos a crescer junto com os filhos ao acompanhar seu desenvolvimento.

É preciso ter cuidado para não criar falsas expectativas: o desenvolvimento da criança não acontece como uma linha reta ascendente. Assemelha-se mais a uma espiral, com movimentos de progressão e regressão, "dois passos para a frente e um para trás". Nas etapas de transição em que a criança precisa "digerir" acontecimentos importantes (o nascimento de um irmão, a separação dos pais, a perda de um avô, mudança de cidade ou de país), é normal que haja um período em que surgem comportamentos regredidos: volta a fazer xixi na cama, pede chupeta depois de tê--la dispensado, torna a falar como se tivesse menos de dois anos, fica irritadiça e chora por qualquer coisa. Mas, com o passar do tempo, o processo de se adaptar à nova situação se consolida, o comportamento regredido desaparece, e predomina a alegria de crescer e de conquistar novas habilidades. Para o bom funcionamento da parceria entre família e escola, é preciso que a equipe escolar seja informada desses acontecimentos importantes na vida da criança, para que suas mudanças de comportamento sejam compreendidas quando acontecem no ambiente escolar.

Outra expectativa falsa é com relação ao poder dos pais: muitos desejam proteger a criança de qualquer sofrimento para que ela cresça feliz. Isso não é possível nem desejável. Frustrações, perdas, desejos não realizados fazem parte da vida, e podemos aprender muito com tudo isso. Quando um bicho de estimação morre, não adianta substituí-lo por outro "igualzinho" achando que a criança nada perceberá. Embora a noção de que os seres vivos nascem e morrem ainda não esteja muito clara para uma criança de três ou quatro anos, é melhor falar a verdade, inclusive nomeando os sentimentos de tristeza e de saudade por não poder mais ver e interagir com o bichinho (ou com uma pessoa querida da família) que morreu. Aprender a lidar com as perdas não é fácil, mas ajuda a valorizar intensamente nossos vínculos no presente.

4. A parceria entre família e escola

Na gestação, o embrião e o feto vivem numerosas experiências que influenciam sua formação, na íntima interação com a mãe nos primórdios da vida. É por isso que os pesquisadores da vida pré-natal consideram que o útero materno é a nossa primeira sala de aula!

O período que vai da concepção ao nascimento e o primeiro ano de vida concentram o ritmo mais acelerado de desenvolvimento do ser humano. É um período muito especial para a formação dos alicerces da comunicação entre a criança e sua família e da saúde integral desse novo habitante do mundo. Nas últimas décadas, os estudos científicos mostraram que o feto e o bebê têm vida emocional: percebem e reagem aos estímulos do mundo, dentro e fora do ventre materno. Desde a época fetal, temos características singulares e interagimos com o ambiente. É essencial que as pessoas que cuidam de bebês e de criancinhas sejam suficientemente sensíveis para conhecê-los em sua individualidade.

Ao nascer, ocorre a primeira grande adaptação a um novo ambiente. Dentro do útero, o feto é automaticamente alimentado e oxigenado pela placenta através do cordão umbilical; os resíduos são eliminados pela mesma via. Ao nascer, o bebê precisa colocar sistematicamente em uso seu equipamento de respiração, de sucção e de digestão, já que tem de cooperar mais ativamente na luta pela própria sobrevivência. No útero, não conhece o desconforto da fome, do calor e do frio e vive em meio líquido; fora do útero, estará exposto a tudo isso. Muitas vezes, precisará chorar para comunicar suas necessidades e terá de se ajustar a viver em um meio aéreo. Com o nascimento, vai lidar com uma série de estímulos completamente novos.

Portanto, o nascimento é a passagem entre dois universos diferentes: o interior do corpo materno e o mundo aqui fora. Simbolicamente, durante toda a vida, nascemos muitas vezes, em cada passagem de uma situação conhecida para outra desconhecida, mas nenhuma mudança é tão extensa quanto a provocada por essa primeira passagem. Quando o bebê nasce, o que ele mais precisa é ser recebido pela família com amor. É o primeiro lugar que pode nos oferecer proteção, carinho e boas-vindas a esse mundo, para que possamos crescer com uma base de segurança e de confiança em nós mesmos. Quando a criança se sente querida e percebe que é uma pessoa importante na família, passa a olhar-se favoravelmente e aprende a gostar de si própria, valorizando-se como ser humano. Construindo vínculos afetivos sólidos e seguros dentro da família, torna-se mais fácil adaptar-se a novos contextos.

A entrada na creche é uma passagem importante: do "ninho familiar" para um contexto em que passará a conviver com um grupo de crianças da mesma faixa etária, sob os cuidados de adultos da equipe escolar. Por isso, o período de adaptação é tão importante para uma boa transição, não só no primeiro momento como também em cada período de recomeço após as férias. O encontro prévio entre as pessoas da família e as da creche é importante para formar a base da parceria indispensável, dar informações sobre atividades e rotinas e acolher expectativas, anseios e temores dos pais, que precisam confiar a criancinha aos cuidados de outros adultos fora da família.

As criancinhas mais abertas a novas experiências costumam ter um período de adaptação curto e tranquilo: mães e pais precisam ficar pouco tempo na creche, a reação de estranhar o novo ambiente e as pessoas não é tão intensa quanto a curiosidade para explorar novos horizontes. Episódios que eventualmente as deixaram assustadas podem resultar em alguns dias turbulentos nesse período de adaptação, mas o processo acaba se completando sem maiores dificuldades. Por outro lado, quando a ansiedade de separação é intensa, a insegurança de permanecer na creche sem a presença das pessoas da família motiva a criancinha a chorar e até a agarrar-se desesperadamente ao colo da mãe para que ela não vá embora.

Quase sempre, a dificuldade da adaptação é uma rua de mão dupla, não depende só das características da criança que teme se lançar em novas descobertas: por meio de suas "antenas sensíveis", a criança consegue captar, por exemplo, a insegurança da família em deixá-la aos cuidados de "pessoas estranhas", porque ainda não se estruturou a relação de confiança na parceria creche-família ("Será que eles vão cuidar bem do nosso bebê?"; "E se ele cair e se machucar sem que ninguém veja?"). A criancinha consegue também captar o sentimento de culpa ("Não seria melhor eu parar de trabalhar por um tempo para cuidar da minha filha, em vez de deixá-la na creche?") e a tristeza pela separação ("Ai, filhinho, vou sentir tanta saudade de você..."). Isso pode ser interpretado como "esse lugar aqui não é bom para mim", e o período de adaptação passa a ser longo e sofrido, gerando angústia, muito choro e mal-estar.

Especialmente nos primeiros anos de vida, as interações entre a criancinha e as pessoas da família e da creche/pré-escola representam as duas fatias do mundo mais importantes para sua formação: mais tarde, a influência do grupo de amigos, da rede comunitária e das conexões em tempo real com pessoas e acontecimentos do mundo inteiro, mediadas por computadores, celulares e outros aparelhos, também intervirá na criança maior, no adolescente e no jovem adulto.

Quando a parceria entre família e escola funciona bem, forma-se uma equipe integrada: os milhares de contatos da criancinha com seus pares e com os educadores se complementam com as interações que ela tem com pais, avós, tios, irmãos, primos e outras pessoas do círculo familiar. A "equipe escolar" e a "equipe familiar" tem o mesmo objetivo: propiciar oportunidades de contato e de aprendizagem para que o desenvolvimento aconteça da melhor forma possível.

Essas oportunidades são complementares, porém diferentes. Por isso, não dá para "terceirizar" a educação dos filhos para a escola, como alguns pais desejariam fazer por estarem sobrecarregados de trabalho e outros afazeres. E os educadores tampouco conseguem dar conta de tudo, mesmo quando percebem que as famílias de seus pequenos alunos são caóticas ou desestruturadas. Nesses casos, precisam descobrir as competências das famílias que atravessam grandes dificuldades e tentar acionar a rede de apoio disponível (entre outros parentes, amigos e demais organizações da comunidade) para estabelecer parcerias no cuidado das crianças a fim de que se desenvolvam bem, mesmo em circunstâncias pouco favoráveis. Tudo para evitar o pior cenário: família × escola, em que as pessoas de ambos os contextos passam a se ver como adversárias e não como aliadas, em meio a cobranças e acusações recíprocas.

Embora a maioria das crianças se desenvolva normalmente, algumas apresentam problemas que precisam de tratamentos especializados: nesses casos, diversos profissionais (das áreas da neuropediatria, fonoaudiologia, psicologia, psicopedagogia e outros) precisam se integrar à parceria família-escola. Na escola inclusiva, todos os alunos são acolhidos nas classes regulares, inclusive os que apresentam necessidades educacionais especiais (deficiência mental ou motora, paralisia cerebral, surdez, cegueira, síndrome de Down, espectro de doenças relacionadas ao autismo, psicose infantil, entre outras). As crianças com deficiências podem se desenvolver bem em muitos aspectos a serem trabalhados por todos os que delas cuidam, com as adaptações e os ajustes necessários, mesmo que, em outros aspectos, fiquem defasadas com relação aos colegas da mesma faixa etária. Para as crianças que se desenvolvem normalmente, a inclusão desses colegas na sala de aula propicia a oportunidade de perceber e conviver com as diferenças, estimulando a cooperação e a solidariedade.

Mas isso só acontece quando as parcerias funcionam de modo eficaz. Os educadores precisam estar devidamente capacitados e a família precisa aceitar a realidade de que a criança apresenta dificuldades. Muitos pais negam os problemas e se recusam a buscar profissionais que possam fazer o diagnóstico correto para indicar os tratamentos necessários. Às vezes, é preciso recorrer à medicação, e alguns pais acham isso inaceitável. Quando a equipe escolar aborda essas questões de modo mais incisivo, os pais procuram outra creche. Essa resistência da família dificulta imensamente a integração da criança com os colegas e o manejo dos educadores, intensificando o sofrimento de todos e aumentando os obstáculos para a inclusão.

Na boa parceria entre família e escola, acontecimentos relevantes da vida familiar são comunicados aos educadores. Isso é muito importante: o impacto emocional e o processo de "digerir" perdas, separações e outros eventos relevantes geram mudanças de comportamento que podem se expressar de modos diferentes no contexto da família e no ambiente escolar. O impacto desses acontecimentos em bebês e crianças pequenas que ainda não conseguem se comunicar por palavras comumente se expressa por mudanças no padrão de sono, de alimentação ou por comportamentos de maior irritabilidade, choro frequente e ações agressivas. Como a criancinha possui poderosas "antenas sensoriais", capta o estado emocional das pessoas que estão convivendo com ela e, mesmo quando nada lhe é dito diretamente, percebe que algo importante está acontecendo com as pessoas da família. Portanto, esse canal aberto de conversa família-escola possibilita alcançar um melhor entendimento do que se passa com a criança e encontrar caminhos eficazes para ajudá-la.

5. Avós: interferência ou parceria?

No decorrer de toda a vida, temos oportunidades de gestar novos aspectos de nós mesmos. Tornar-se avô e avó traz a profunda emoção de presenciar a chegada de uma nova geração de pessoas na família. Ver a atuação dos filhos como pais e mães abre caminhos de reflexão sobre como nós agimos quando os educamos. Inaugura-se uma nova etapa na relação entre pais e filhos quando nascem nossos netos e há o desafio de estabelecer fronteiras de atuação: interferência, ficar muito ou pouco disponível para atender às solicitações ou construir uma parceria eficaz?

Há avós que dizem que gostam de "deseducar" os netos: deixam que eles façam tudo que querem, dão a eles tudo que pedem. Com poucos anos de vida, as crianças percebem perfeitamente bem como podem conseguir o que desejam e para quem precisam pedir. Rapidamente, isso dá margem a estratégias de chantagem do tipo: "Se você não comprar esse brinquedo, vou pedir para a vovó!". Pais preocupados com o excesso de peso da criança gulosa se desesperam quando percebem que a casa dos avós é uma fábrica de chocolates. Nesse tipo de relação, os avós sabotam a atuação dos pais e às vezes até mesmo competem com eles pelo amor da criancinha ("De quem você gosta mais, da mamãe ou da vovó"?)

Há avós pouco disponíveis para o contato com os netos, e muitos filhos se ressentem dessa falta de apoio, principalmente nos primeiros anos de vida quando a "mão de obra" dos cuidados diários é intensa. Muitos avós ainda estão trabalhando em horário integral, inclusive para contribuir para o sustento de filhos e netos; outros querem "curtir a vida" ocupando o tempo com viagens, cursos e contato com os amigos; outros ainda estão refazendo a vida amorosa, desejando todo o tempo disponível para estar com a pessoa amada. Há avós e até mesmo bisavós que nem entraram no segundo meio século de suas vidas: uma mulher teve seu primeiro bisneto com apenas 49 anos, vindo da terceira geração de adolescentes grávidas (inclusive a própria, é claro!).

Por outro lado, há avós que assumem os netos como se fossem filhos, e os pais se comportam como se fossem irmãos do bebê. "Minha filha diz que quer aproveitar a vida enquanto é jovem e, na prática, sou eu quem educo meu neto: ela se separou quando ele tinha sete meses, o pai pouco aparece para visitar o filho e nem contribui com as despesas do menino." Mesmo quando esses avós reclamam da sobrecarga, acabam fazendo "acordos secretos" com os filhos de que a responsabilidade sobre a educação da criança permanecerá dessa forma. Assim, os pais permanecem "eternos adolescentes", e os avós não se sentem envelhecendo...

Os pais que sentem dificuldade de apreciar como seus filhos adultos conduzem suas vidas podem se tornar extremamente críticos ao vê-los educar os próprios filhos. "Minha filha sempre foi desorganizada com os horários e com a arrumação da casa, eu fico horrorizada com tamanha falta de rotina! Minha neta não tem horário para comer, nem para dormir, nem para coisa alguma. Eduquei meus filhos com horário para tudo, minha casa sempre foi impecável. Fico na casa da minha filha duas tardes por semana para tomar conta da menina enquanto ela faz um curso, aí tento colocar ordem na casa, falo muito com ela sobre isso, mas não adianta, a gente acaba discutindo..." A interferência, sentida como invasão de território, pode dar margem a brigas frequentes nas quais as crianças acabam envolvidas.

Entre esses extremos, há a possibilidade de desenvolver uma boa parceria entre pais e avós. As crianças que se sentem amadas e acolhidas pelos avós constroem com eles desde cedo uma relação de confiança e de alegria. Passar o dia ou dormir na casa dos avós pode ser uma festa, sem que isso "deseduque" ou sabote os limites que os pais pacientemente tentam estruturar e que são tão importantes para o desenvolvimento das crianças. "Na casa do vovô eu posso pular no sofá, por que aqui eu não posso?" Nem todos os limites precisam ser iguais, e o mesmo acontece nas casas de pais separados, é só uma questão de consensos básicos e de esclarecer para a criança essas diferenças de contexto.

Com a crescente necessidade de buscar trabalho em diferentes cidades ou países, muitos avós moram longe dos netos, dificultando o contato direto. Mas a distância geográfica não impede a proximidade afetiva e os recursos tecnológicos estão aí para ajudar: crianças pequenas se comunicam e até brincam com os pais que viajam a trabalho e com os avós que moram em outras cidades pelas câmeras de celulares e computadores, mostram seus desenhos e pesquisas escolares, compartilham os acontecimentos do dia a dia. Crianças de pouca idade costumam ter mais desenvoltura com os aparelhos do que a maioria dos avós: "Ensina esses joguinhos para a vovó" pode ser uma das pontes de contato, diversão em conjunto e troca de saberes, quando avós e netos estão fisicamente próximos ou distantes. Claro que isso não substitui abraços, beijos e aconchego físico, mas são ferramentas úteis que possibilitam o contato essencial, um modo de ficar por perto mesmo estando longe.

6. Preparando os futuros inovadores

Nossa casa planetária tem emitido sinais de alerta de que não está sendo bem cuidada por seus habitantes: uma parte expressiva da população mundial está sem acesso à água potável e ao saneamento básico; se não houver uma reversão significativa dos níveis de poluição e de contaminação dos reservatórios de água, essa proporção aumentará muito mais, agravando problemas de saúde; as mudanças climáticas em decorrência do aquecimento global aumentam a frequência de desastres naturais (*tsunamis*, furacões devastadores, inundações, terremotos) que deixam milhões de pessoas desabrigadas, acarretando fluxos migratórios crescentes; o consumo excessivo produz quantidades gigantescas de lixo, além de explorar os recursos naturais de modo que ultrapassa a capacidade de recomposição. Em síntese: as novas gerações que estão chegando encontram um planeta insustentável.

Na evolução da família humana e suas invenções, já passamos por muitas revoluções: as mais recentes são a industrial, a tecnológica e a do conhecimento. Precisamos contribuir para que as novas gerações consolidem a Revolução da Consciência: somos uma família cada vez mais numerosa, com bilhões de membros, habitando uma única casa que não tem sido bem cuidada. Para que a Terra continue sendo habitável para muitas outras gerações, temos de providenciar mudanças significativas e urgentes: rever padrões de consumo, reduzir significativamente a desigualdade e a injusta distribuição de recursos, perceber com clareza que os recursos naturais são finitos e não podem ser desperdiçados, para que seja possível pensar em soluções viáveis e viver bem em cidades densamente povoadas.

Tudo isso requer não só a Revolução da Consciência coletiva como também a formação de mentes inovadoras, que ousem propor soluções "fora da caixa" para encarar os problemas da crise energética. Por exemplo, expandindo as energias renováveis, criar habitações com materiais (já existentes e outros que ainda serão descobertos) que economizem energia, dentro dos princípios da "arquitetura de baixo carbono"; aperfeiçoar o tratamento de resíduos e a reciclagem de materiais que tornam o lixo economicamente rentável, reduzindo a poluição e os problemas de saúde daí decorrentes. Essas ações e muitas outras são indispensáveis em face dos inúmeros desafios das mudanças climáticas, da superpopulação, das altas taxas de poluição, promovendo a sustentabilidade.

Além de criar materiais para construir habitações novas e reformar antigas para reduzir o consumo de energia e promover o respeito ao meio ambiente, é imprescindível também fazer boa gestão do uso e do reúso da água, em suma, favorecer a saúde e o conforto das pessoas e, ao mesmo tempo, cuidar do planeta. E mais: pensar novos meios para alimentar as populações, reduzindo distâncias e custos de transportes, além de encorajar a partilha de espaços (tetos de casas e edifícios, áreas de condomínios) para a criação de hortas comunitárias ou fazendas urbanas. No espírito de partilha e de equipe colaborativa, pessoas podem pensar juntas soluções para melhorar a qualidade de vida de todos, o que já acontece em "ecoquarteirões" e em "ecovilas" de algumas cidades em diferentes países.

A solidariedade, a cooperação e o trabalho em equipe para cuidar da coletividade são essenciais para viver no século XXI. Para isso, precisamos rever nossas práticas para conseguirmos preparar as novas gerações para atuar nessa direção, buscando qualidade de vida em contextos de densidade populacional. O mundo hiperconectado e com bilhões de habitantes apresenta, em tempo real, uma imensa gama de diferenças com as quais é preciso conviver, com o máximo de cooperação possível, buscando paz e harmonia. No entanto, até a indústria do entretenimento tem enfatizado a violência e a competição extrema. Grandes mudanças nesse sentido se fazem necessárias, como, por exemplo, a expansão de novas linhas de jogos eletrônicos que não enfatizem as batalhas sangrentas entre ganhadores e perdedores e que possibilitem entretenimento não associado à violência. A ênfase na cooperação está crescendo com a expansão de empresas inovadoras que oferecem consultoria a empresas tradicionais que querem mudar sua visão e não apenas se preocupar com o lucro dos acionistas, mas também contribuir para o desenvolvimento da população menos favorecida. Todos podem ganhar com novos métodos de gestão.

Bebês e crianças pequenas são seres curiosos, criativos e sensoriais: apreendem o mundo pelos órgãos dos sentidos e pelo movimento do corpo. Portanto, precisam olhar, ouvir, cheirar, sentir sabores e, principalmente, tocar em muitas coisas! A educação conservadora, na família e na escola, costumava "enquadrar" as criancinhas nos espaços convencionais de "certo e errado", impondo conteúdos preexistentes que deveriam ser reproduzidos para demonstrar "aprendizagem" e alcançar "bom desempenho". Com isso, o espírito inovador ficava encolhido; o medo de errar, de desagradar e de ter uma avaliação ruim cortou grandes potenciais de criação. Práticas pedagógicas que se consolidaram no século XX apontaram para a necessidade de estimular as crianças a construir e a buscar conhecimento, "aprendendo a aprender, a fazer, a ser e a conviver". A pedagogia do século XXI reconhece cada vez mais que esse conhecimento gradualmente construído envolve corpo, movimento, enfim, a psicomotricidade da criancinha: com isso ela aprende "organicamente" e desenvolve, desde cedo, o olhar sistêmico e a capacidade de perceber ligações entre coisas, acontecimentos e pessoas.

A curiosidade é a bússola que nos guia na incessante busca por novas informações. Por isso é tão importante dar espaço para que a criança se manifeste (em vez de dizer, como antigamente: "Menino, isso é pergunta que se faça?!"). Isso, em alguns momentos, deixa pais e educadores atônitos, especialmente quando surge a fase dos infindáveis porquês. São perguntas desafiantes, insistentemente repetidas, a demandar respostas que os adultos nem sempre sabem dar (por isso é tão importante aprender a dizer "não sei" sem constrangimento...). Em momentos inesperados, a criança pode fazer perguntas sobre a origem da vida e o destino dos mortos. "Como os bebês entram na barriga da mãe?"; "Para onde foi o vovô que morreu?" Em outros momentos, surgem as perguntas inconvenientes, feitas em voz alta na frente dos outros, deixando os adultos embaraçados: "Por que aquele moço tem uma perna só?"

Como estamos vivendo em um século que demanda mudanças expressivas, precisamos encorajar a criatividade e a inovação, nutrindo a imaginação, que intensifica a mobilidade do pensamento e permite pensar em vários cenários possíveis para, desse modo, tentar se antecipar ao futuro. A criatividade se desenvolve quando se supera o medo de errar e se fortalece a ousadia de experimentar e de evoluir por "ensaio e erro". Ela se fortalece com a capacidade de trocar conhecimentos com outras pessoas, integrando diferentes fontes de saber de formas inusitadas. Quando a imaginação e a criatividade são estimuladas desde os primeiros anos de vida, aumenta a probabilidade de contarmos com pessoas que desenvolverão, em larga escala, novos produtos, serviços e materiais que poderão nos beneficiar como coletividade. As gerações vindouras terão grandes responsabilidades para construir um modo de vida melhor com uma população crescente em um planeta degradado.

7. Cuidado com o consumismo!

Televisões com centenas de canais em quase todos os aposentos de nossas casas; celulares com amplo acesso à internet que crianças, com poucos anos de vida, aprendem a utilizar com mais rapidez do que seus avós; os mais variados tipos de informações circulam com velocidade espantosamente crescente pelo mundo todo. Somos continuamente bombardeados por massas de propaganda que criam necessidades que não tínhamos, sem que estejamos conscientes do que está acontecendo para vender uma infinidade de produtos e serviços.

Vivemos submersos em uma cultura do descartável, em que a maioria dos equipamentos é construída para durar pouco (a "obsolescência programada"). Os consertos custam mais caro do que comprar novos objetos. A cada ano nossos celulares, computadores e outros aparelhos eletrônicos são ultrapassados por modelos mais potentes que oferecem dezenas de serviços que mal utilizaremos, mas pensamos que precisamos ter. A cada estação, mudam as "cores da moda", os modelos de sapatos e de roupas, e pensamos que devemos estar sempre atualizados, que temos de seguir as "tendências" para sermos olhados com admiração e não nos transformarmos em "seres descartáveis" nos contatos sociais e profissionais.

Em grande parte dos contextos urbanos de muitos países, vivemos nessa cultura de consumo de rápida mutação, múltiplas influências e infinitas mensagens subliminares que nos induzem a comprar muitas coisas das quais na realidade não precisamos. E é neste contexto que educamos as crianças, nas famílias e nas escolas.

Essa é a oportunidade de abrirmos os olhos para aguçar a visão crítica da cultura do consumismo, para trabalhar conosco e com as crianças desde os primeiros anos de vida a questão do consumo consciente. Isto faz parte da construção da paz: cuidar bem do ambiente, evitando o consumo supérfluo que produz uma gigantesca quantidade de lixo altamente poluidor. Infelizmente, a grande maioria das cidades ainda não possui sistemas eficientes de coleta seletiva e de reciclagem, de modo que o lixo continua poluindo, em vez de se transformar em materiais que poderiam ser utilizados de outro modo. Outro agravante é o tratamento deficiente dos aterros sanitários que mistura todos os tipos de resíduos, inclusive os que penetram no solo e acabam contaminando os reservatórios de água, contribuindo para a poluição ambiental. É importante que os adultos que cuidam de crianças tenham essa visão sistêmica e revejam, em primeiro lugar, seus próprios hábitos de consumo para orientar de modo mais coerente e consistente as crianças que, desde muito cedo, são influenciadas pela propaganda veiculada pelos diversos tipos de mídia e acabam pressionando os pais para comprar o que passam a desejar.

"Mãe, vamos sair para comprar alguma coisa?" Crianças a partir dos três anos fazem esse tipo de solicitação. "O que você quer comprar?" "Não sei, qualquer coisa!" Em países com legislação deficiente para regular a propaganda dirigida às crianças, estas se tornam vítimas do consumismo desde a mais tenra idade. Acabam pensando que "precisam ter tudo para ser mais". As amiguinhas competem entre si para ver quem compra primeiro o novo modelo de sapato que acabou de ser anunciado na televisão. A alegria pela nova aquisição dura pouco, logo surge a inquietação de perceber outras coisas que elas ainda não possuem e o anseio de tentar obtê-las: é a raiz da construção da infelicidade derivada de insatisfação crônica do "quanto mais tem, mais quer".

Quando as famílias também estão enredadas nessa teia, os armários das crianças ficam abarrotados de roupas e sapatos que mal serão utilizados porque elas crescem rapidamente, e os brinquedos se amontoam de tal forma que logo a criança perde o interesse em brincar com eles, ou não consegue se concentrar em um deles porque o excesso a estimula a passar de um para outro sem que consiga brincar efetivamente com algum.

As megafestas de aniversário também merecem reflexão. Comemorar o aniversário de um ano é, sem dúvida, um evento especial, mas alugar uma casa de festas com superprodução é para os adultos: a criancinha com essa idade ficará atordoada com o excesso de estímulos! Ao internalizar a perspectiva do "quanto mais tenho, mais sou", as crianças maiores competem entre si para ver quem oferece a festa de melhor produção e insistem com a família para ter "a melhor festa da turma": o sentido mais legítimo de comemorar mais um ano de vida com as pessoas queridas fica submerso pela necessidade de ostentar a "maior produção do ano"...

Da mesma forma, não é necessário recompensar a criança com prêmios materiais quando ela faz progressos na aquisição de novas habilidades ou na formação de hábitos (conseguiu vestir a roupa sem ajuda, ficou uma semana sem fazer xixi na cama): a verdadeira comemoração é a alegria de perceber a própria evolução e de ter persistência de encarar as dificuldades sem desistir logo nas primeiras tentativas!

Outro efeito negativo da cultura do consumismo é a erotização precoce. Desde os primeiros anos, as meninas, em especial, são enfeitadas como miniaturas de mulheres: meninas de três anos com unhas pintadas, batom; aos quatro, querem roupas "da moda" e sapatos com salto com os quais mal conseguem se equilibrar para andar. Pouco tempo depois, passam a pedir que suas festas de aniversário aconteçam em salões de beleza! Esse tipo de coisa expressa o que se chama de "infância roubada": crianças precisam correr, saltar, pular, sujar a roupa de tanto brincar, não são para ficar nas passarelas da moda, enfeitadas como bonecas, desenvolvendo desde cedo a preocupação excessiva com a "embalagem" mais do que com o "conteúdo".

Muitos adultos consumistas escolhem aumentar a carga horária de trabalho para ter mais dinheiro para comprar coisas (que mal terão tempo para usar). Quando se tornam pais, pensam que precisam trabalhar mais ainda para "dar um bom padrão de vida" para seus filhos. O que é isso, afinal? Para muitos, "bom padrão" refere-se ao nível de consumo de bens materiais. Porém, se adotarmos a linha da "simplicidade voluntária" e concluirmos que "tempo é melhor que dinheiro", passaremos, de fato, a valorizar o tempo de conversa e de convívio, em vez de nos preocuparmos em ganhar mais para gastar mais.

"Você vem para a escola todos os dias com o mesmo sapato!" Crianças de quatro ou cinco anos se comparam umas com as outras, algumas já estão valorizando determinadas marcas em detrimento de outras menos "elegantes". Esse tipo de comentários pode promover uma reflexão importante sobre "ter e ser": as crianças sofrem influências profundas da cultura do consumismo fora do convívio familiar e a parceria família-escola é importante para construir bons alicerces da educação em valores. Afinal,

> *Ser é mais importante do que ter.*
> *É melhor ter tempo para conversar*
> *Do que dinheiro pra comprar*
> *O que mal vamos usar!*

8. Descobrindo a beleza

A preocupação com a situação da Terra, nossa casa coletiva, é um tema que precisa envolver todos nós de forma crescente. Educar as novas gerações para cuidar bem do ambiente em que vivemos (lembrando que muitas dessas crianças de hoje poderão ocupar profissionalmente postos de grande responsabilidade e de altos níveis decisórios quando chegarem à idade adulta) é um trabalho grandioso que precisa ser feito por uma boa parceria entre família e escola.

Um dos alicerces fundamentais para apreciar e respeitar nossa "casa coletiva" é cultivar o olhar para a beleza da natureza. A criança pequena traz consigo não só a curiosidade como também o olhar de encantamento pelas descobertas do mundo que observa à sua volta. Antes mesmo de completar um ano a criancinha olha atentamente para os objetos que despertam seu interesse, pesquisando formas, texturas, movimentos. Antes de completar dois anos, olha, aponta e nomeia o mar, a lua, as estrelas, as árvores, as montanhas. Se estivermos embotados para essa beleza por estarmos excessivamente mergulhados em tarefas e sobrecarregados de compromissos, é a oportunidade de rever esse ritmo desenfreado que nos rouba a qualidade de vida e reaprender com a criancinha a nos emocionarmos com o canto dos pássaros, o desenho das árvores, a beleza do sol no final do dia colorindo o céu ou a lua cheia dourando o mar!

Todos os órgãos dos sentidos são postos a serviço dessas descobertas e podem ser estimulados por educadores e pessoas da família: ver os desenhos da folha de uma árvore, sentir seu cheiro e textura ao pegá-la com as mãos, sentir a grama ou a areia que pisa com os pés descalços, ouvir o som de folhas secas amassadas com a mão, prestar atenção ao canto dos pássaros e à música da água que cai de uma cachoeira, observar formigas em intenso movimento carregando folhas maiores do que elas mesmas, descobrir com o auxílio de uma lupa detalhes incríveis do interior de uma flor, sentir o perfume, o sabor e a textura de uma fruta madura. No corre-corre do dia a dia, quantos de nós perdemos o contato com esses prazeres sensoriais, com a capacidade de nos maravilharmos com a grandeza das pequenas coisas? Cuidar de criancinhas pode ser uma grande oportunidade de redescobrir esses caminhos soterrados!

Esse rico universo de sensações que chegam por meio da visão, da audição, do tato, do paladar e do olfato vão estruturando a percepção do mundo como um lugar de beleza e de prazer que pode ser admirado e precisa ser bem cuidado. As crianças que moram em zonas rurais contam com maiores oportunidades de perceber as sutilezas da teia da vida. Em contextos urbanos, levar a criança a lugares onde poderá se encantar com as belezas da natureza é muito mais saudável para a construção de sua pessoa do que passear nos centros comerciais, onde ficará atordoada com milhares de estímulos ao consumo muito antes de ter discernimento para perceber que não precisará sequer de uma pequena fração de tudo que é oferecido para viver de modo pleno e satisfatório.

As inúmeras experiências de perceber a harmonia e a beleza do que encontramos na natureza ficam gravadas no cérebro infantil como boas referências. Formam o alicerce do que chamamos de "ecoalfabetização" – a percepção da teia da vida que precisa ser reverenciada e respeitada. É nesse sentido que, no decorrer da infância, educamos a criança (e, muitas vezes, a nós mesmos quando desaprendemos a fazer essas ações ou se ainda não completamos esse processo de aprendizagem) a colocar o lixo no lugar adequado, a evitar o desperdício da água, a reutilizar sacos plásticos e a praticar inúmeras outras ações que evitam a poluição e os maus-tratos ao meio ambiente. É tarefa urgente trabalhar a consciência para fazer a passagem do consumismo para a sustentabilidade.

É importante também evitar a "poluição interna", que se dá a partir da exposição a imagens repetidas à exaustão de cenas horripilantes de guerras e violências de toda ordem. Essas imagens repetitivas de tragédias que os telejornais exibem são tóxicas até para nosso cérebro adulto: portanto, a exposição ininterrupta desse tipo de imagens nos aparelhos de TV (com telas cada vez maiores!) instalados em praticamente todos os espaços de nossos lares é desaconselhável para qualquer faixa etária, sobretudo para as crianças pequenas.

Evidentemente, não se trata de fecharmos os olhos para a dura realidade; devemos, isto sim, escolher para onde dirigir nosso olhar e contribuir, dentro da área de ação de cada um de nós, para criar melhores possibilidades de vida.

Colocar o foco na descoberta da beleza da teia da vida cria o fundamento do cultivo da alegria, da percepção da harmonia e da consciência de comunhão (interligação) entre todos os seres. Adultos que não conseguiram desenvolver esse olhar ficam aprisionados em mau humor, reclamações incessantes, insatisfação, mesmo quando possuem vastos recursos materiais para comprar o que desejam. Podemos escolher, no vasto território da realidade, para onde vamos dirigir nosso olhar: isso constrói nossa visão do mundo e influencia profundamente nossos sentimentos e nossas ações.

9. Os bebês são competentes!

As últimas décadas do século passado foram marcadas por uma grande expansão dos estudos sobre o comportamento de fetos e bebês. Isso foi possível graças não só à dedicação dos pesquisadores, como também ao desenvolvimento de tecnologias que permitiram desvendar o universo uterino e realizar análises computadorizadas de movimentos sutis. A observação do comportamento fetal por meio das imagens de ultrassom de alta resolução e a possibilidade de observar o funcionamento do cérebro em tempo real são exemplos de recursos tecnológicos que resultaram em profundas mudanças da percepção do desenvolvimento humano, a ponto de agora sabermos que fetos e bebês são infinitamente mais ativos e competentes do que imaginávamos antigamente. O cérebro é um órgão social: já nascemos com a capacidade de nos relacionarmos uns com os outros. Aprendemos tantas coisas no decorrer da gestação que o útero passou a ser considerado como nossa primeira "sala de aula"!

A observação da vida intrauterina de gêmeos por meio do ultrassom revelou um universo surpreendente, sobretudo nos casos em que a observação do comportamento se estendeu até os cinco anos de vida dessas crianças. Descobriram-se padrões de interação que se iniciaram na vida fetal e permaneceram por muito tempo após o nascimento. Por exemplo: a brincadeira preferida por um par de gêmeos aos dois anos era tocar as mãos um do outro por meio de uma cortina transparente; na vida fetal, faziam o mesmo através das membranas dos respectivos sacos amnióticos; em outro par de gêmeos, padrões de interação que sugeriam dominação-submissão na luta pelo espaço intrauterino repetiam-se na luta por espaço dentro da casa até quando as crianças atingiram os cinco anos de idade.

Os órgãos dos sentidos também estão atuantes em etapas mais avançadas da gravidez: observações dos padrões de batimentos cardíacos e outros indicadores de comportamento fetal mostram que há capacidade de memorizar músicas e até mesmo histórias que são contadas rotineiramente durante a vida fetal. Após o nascimento, essas mesmas músicas e histórias acalmam o bebê quando está mais agitado. A voz da mãe e os ruídos do interior do seu corpo também são percebidos e memorizados pelo feto e, após o nascimento, são reconhecidos pelo bebê. A observação das expressões faciais do feto pelo ultrassom mostra que ele prefere o sabor doce e não aprecia muito o ácido e o amargo, quando deglute líquido amniótico no qual se inseriram substâncias com sabores diversos. Tudo isso mostra que a estimulação dos sentidos, sobretudo a audição (cantar, contar histórias, falar com o feto), são momentos importantes da interação da grávida com seu filho.

Logo após o nascimento, a estimulação sensorial propiciada pelo contato pleno e amoroso com o bebê contribui para formar sólidos alicerces do vínculo. Já nos primeiros dias de vida, o bebê é capaz de reconhecer o cheiro da mãe. O contato pelo olhar é extremamente importante: antigamente, pensava-se que o bebê praticamente não enxergava e era incapaz de reconhecer as pessoas até pelo menos seis meses de idade. Estas teorias estão completamente ultrapassadas. É claro que a acuidade visual vai melhorando progressivamente no decorrer dos primeiros meses, mas há estudos que mostram que a capacidade de aprendizagem, memória e imitação estão presentes desde os primeiros dias de vida, em especial quando o bebê está em estado de consciência alerta: é capaz de prestar atenção na expressão visual do rosto, por exemplo, do pai que o segura a cerca de 30 cm de distância, e imitar o que percebe. Também durante as mamadas, o bebê ao seio fica a uma distância ótima para manter contato visual com a mãe.

Na verdade, cada mamada é uma oportunidade maravilhosa de construir o vínculo através da estimulação sensorial plena: o olhar, o cheiro, o toque, o sabor e a quentura do leite, os sons da sucção e das palavras carinhosas da mãe. A análise computadorizada dos movimentos sutis da dupla mãe-bebê na mamada bem sintonizada mostra uma coreografia muito elaborada, em que os movimentos de ambos se complementam com beleza e harmonia. Anos mais tarde, quando nos apaixonamos, esta festa dos sentidos se reproduz: experimentamos uma sensação de êxtase com a troca de olhares, cheiros, toques, sons e sabores do contato amoroso.

Observar com sensibilidade o olhar pesquisador de um bebê no decorrer do primeiro ano de vida nos faz perceber seu profundo interesse em descobrir o mundo que o cerca. A curiosidade, o encantamento pelas descobertas, a busca pelos detalhes de um objeto ou do rosto de uma pessoa, virar a cabeça para ver de onde surge o som que lhe despertou atenção, conhecer objetos com mãos e boca explorando formas, sabores e texturas: é uma atividade intensa de busca de novos conhecimentos. Um bebê nunca fica entediado, está sempre interessado no que vê, ouve e sente com seu corpo: muitas crianças maiores, jovens e adultos por algum motivo sufocaram dentro de si esse bebê curioso e encantado pelas novidades e se afundam no tédio, nas queixas e na reclamação de que estão "fartos de tudo nessa vida". Que pena...

10. As crianças são nossos professores!

"Ainda estamos muito chocados com o diagnóstico de síndrome de Down. Como é que isso não foi detectado na gravidez? Fizemos tudo certo, nos preparamos para ter uma filha perfeita, e agora? Não queremos que sintam pena de nós, mas sabemos que vamos ter um caminho difícil pela frente. O desenvolvimento dela não vai ser normal. Não sei se seremos capazes de enfrentar os problemas que surgirão..."

O impacto inicial diante da realidade do nascimento de uma criança com problemas é enorme: acontece uma mistura de perplexidade, raiva, revolta, sentimentos de rejeição, de culpa, de impotência. Ao mesmo tempo que é preciso fazer essa "travessia da dor", o luto pela perda da criança que foi imaginada perfeita, é preciso encontrar forças que temos dentro de nós e não conhecemos. E, sobretudo, se esforçar para descobrir a pessoa que existe além do diagnóstico. "Síndrome de Down", "paralisia cerebral", "síndrome de Asperger" e tantos outros rótulos descrevem apenas algumas características, mas a pessoa está aí para ser descoberta por inteiro.

O que essa criança ensinará aos que dela cuidam? Terá limitações no seu desenvolvimento, mas terá possibilidades também. Tratamentos combinados, estimulação precoce, amor, dedicação e sensibilidade: entrar em sintonia com a criança que é possibilita o desenvolvimento máximo de suas potencialidades, abre a mente e o coração das pessoas da família e dos educadores para aprender com essa criança, aprofundando o vínculo com ela. Para isso, precisamos aprender a sair dos pensamentos catastróficos: diante de uma quebra de expectativas, pensamos nas piores hipóteses e arquivamos a fé e a esperança. Atravessando os momentos iniciais de choque, pesar e até mesmo desespero e desalento, precisamos direcionar energias para as perguntas-bússola que podem nos orientar em situações difíceis: "O que de melhor posso fazer agora? Que tipo de recursos é preciso buscar? Quem poderá me ajudar a pensar em caminhos de ação eficazes?" Frequentar grupos de pessoas que passam pela mesma situação é uma ajuda eficiente não só para compartilhar vivências semelhantes, como também para ter acesso a informações e recursos para melhor lidar com as situações que se apresentam.

Deficiências graves da visão ou da audição desorganizam o desenvolvimento da criança afetando outras habilidades, como a fala ou a locomoção. O sistema nervoso dessas crianças precisa se reorganizar para adaptar-se a essa circunstância, desenvolvendo mais os outros sentidos para compensar a falta de um deles. O diagnóstico e a intervenção precoce são essenciais, por exemplo, na deficiência auditiva, para estimular outras áreas do cérebro que possam recuperar parcialmente a capacidade auditiva.

As crianças também aprendem umas com as outras e se ajudam reciprocamente. Na educação inclusiva, a convivência entre crianças com deficiências várias e crianças que se desenvolvem normalmente é desafiante e promissora para todas: desenvolver a empatia, a compreensão das diferenças e a colaboração são ganhos importantes que surgem a partir desse contato na escola. No entanto, isso só é possível quando a parceria família-escola-profissionais de saúde trabalha de forma integrada. Caso contrário, o convívio com uma criança com distúrbios graves que se expressam, por exemplo, em condutas de agressividade, dispersão, agitação e gestos repetitivos em graus extremos torna-se muito difícil para todos.

Com o desenvolvimento da tecnologia ampliaram-se enormemente as possibilidades de sobrevivência de bebês que nascem muito prematuros. Grande parte deles passa por diversos problemas respiratórios ou apresenta infecções graves. A família oscila entre a esperança e o medo de que o bebê, aparentemente tão frágil, não resista às complicações. Trabalhei durante alguns anos com equipes de assistência a bebês internados em UTI Neonatal e suas famílias e ficava impressionada com a força dessas criancinhas para batalhar pela vida: ensinavam a todos nós como é importante não esmorecer diante das dificuldades, suportar dor e sofrimento sem deixar de sentir o amor e os cuidados recebidos. Muitos desses bebês ficavam meses internados e, acompanhando o contato entre eles e suas famílias, achava emocionante observar a evolução do vínculo, os olhares, a satisfação de serem tocados e acariciados com amor. Com algumas famílias, foi possível ter notícias durante muito tempo e saber que, na maioria dos casos, as dificuldades iniciais dessas crianças foram superadas e elas se desenvolveram bem.

Mesmo quando o bebê nasce bem e evolui normalmente, temos muito que aprender com ele. Em minha prática como psicoterapeuta de famílias, ouço muitos pais preocupados e inseguros para criar os filhos. "Sou filha única e minha segunda filha nasceu há dois meses: estou achando muito difícil lidar com duas crianças ao mesmo tempo, não sei fazer isso!"; "Ele só tem três anos, mas me faz cada pergunta... Simplesmente, não sei como responder, tento disfarçar e mudar de assunto, mas ele insiste e eu fico perdido!" A boa notícia é que não precisamos saber tudo, nem como pais nem como educadores! E as crianças não esperam (e nem precisam) que sejamos infalíveis ou onipotentes. Ao contrário: gostam de perceber que também somos aprendizes! Esperam de nós amor, sinceridade, disponibilidade e disposição para aprender o que for preciso. O desenvolvimento nos primeiros anos de vida é impressionantemente rápido, mas continuamos nos desenvolvendo como pessoas, em ritmos variados, a vida inteira. Nossos relacionamentos familiares, sociais e profissionais são fontes inesgotáveis de aprendizagem sobre os outros e sobre nós mesmos. E as crianças também são nossos professores!

11. A descoberta do irmão

"Fico tão preocupada com o ciúme da mais velha que mal dou atenção ao bebê... Dou de mamar lendo um livro ou cochilando, raramente troco a fralda ou dou banho, acho que ele ainda não entende o que acontece, mas quando a outra nasceu foi diferente: eu fazia tudo, não deixava nem meu marido chegar perto."

Esse é um equívoco comum quando nasce o segundo filho, a partir do temor de que a criança maior sinta-se "destronada" e consumida pelo ciúme. Porém, com isso, todos perdem: o bebê percebe muito mais do que se imagina e precisa do olhar atento e cuidadoso para desenvolver o alicerce dos vínculos; o rico processo de acompanhar o crescimento acelerado dos primeiros meses mal é percebido e a criança maior precisa construir, no cotidiano, o vínculo fraterno. Observar o bebê, interagir com ele, participar dos cuidados na medida de suas possibilidades (ajudar a trocar as fraldas, acompanhar o banho, mostrar um brinquedo e acompanhar o olhar de interesse do irmãozinho, encantar-se quando o vê começar a sorrir para ela e a agitar seu corpinho quando ela se aproxima). São inúmeras as oportunidades de cada dia para integrar o bebê na família, e este processo fica prejudicado quando ele fica "ilhado".

Outro engano comum é comprar um presente para o irmão mais velho dizendo que foi o bebê que trouxe, assim que nasceu. Isso ofende a inteligência das crianças! Mesmo com três anos, percebem que o neném, que acabou de sair da barriga da mamãe, não pode ter ido a uma loja para escolher um brinquedo (e nem imaginam que exista uma loja de brinquedos uterina!). Pais preocupados com o ciúme do mais velho tentam "indenizá-lo" pela chegada do irmão dando-lhe presentes. Embora os sentimentos de perda façam parte do "pacote" do nascimento de um irmão, os ganhos da fraternidade são expressivos e o maior presente é a inclusão de uma nova pessoa na família.

O relacionamento com os irmãos maiores é um grande estímulo para o desenvolvimento. Os bebês ficam fascinados quando os irmãos se aproximam para brincar. Com eles, a criancinha aprende a se relacionar com iguais, gente pequena também. O vínculo fraterno traz uma grande riqueza de trocas afetivas e de aprendizagem para a vida. O filho único terá que aprender fora de casa estes aspectos do relacionamento humano, uma vez que não dispõe desse campo de treinamento dentro do próprio lar.

Por outro lado, os gêmeos, compartilhando a mesma idade e crescendo juntos, desenvolvem entre eles uma ligação especial, em que a cooperação e a empatia surgem mais cedo, embora isso não exclua momentos de brigas, competição, rivalidade e ciúmes.

Para a família com gêmeos, o grande desafio é dar espaço para as diferenças individuais dentro das semelhanças entre eles. Isto pode ser trabalhado de várias formas, inclusive vestindo-os com roupas distintas, para que não sejam vistos como uma unidade ("os gêmeos"), e sim como indivíduos. Na escola, esse processo de individualização é igualmente importante.

"Mamãe, gosto de você desse tamanhão!", exclamou um menino de quatro anos assim que o bebê chegou da maternidade, revelando seu anseio de continuar sendo importante. Os sentimentos, por vezes dolorosos, de ciúme e de exclusão fazem parte da experiência de aprender a conviver com mais uma pessoa que também ocupa espaço na casa e no coração dos pais, tios e avós. O ciúme surge da insegurança provocada pelo medo da perda mas, nesse processo, é possível aprender a ocupar um novo lugar, construindo a segurança de perceber que pode ser amado não só pelas pessoas da família como também pelo próprio irmão que nasceu.

As crianças percebem claramente que a chegada de um novo irmão modifica o lugar de cada membro da família e temem que essa mudança seja para pior, no sentido de receber menos atenção e carinho. Nos primeiros meses, o ciúme e a competição se intensificam, na medida em que o neném é a novidade da casa, sendo visitado e presenteado: parece que tudo gira em torno dele! Esses sentimentos se atenuam quando a criança maior é incluída nas interações, inclusive para apresentar o bebê às visitas, segurá-lo ao colo quando está sentada (para não deixar o bebê cair). No final do primeiro ano, de novo o ciúme e a competição costumam se intensificar, porque o irmãozinho está fazendo mil progressos e gracinhas, que chamam a atenção de quem estiver por perto.

Mas não é só o irmão maior que sente ciúmes do menor que veio para ocupar espaço. Também o bebê, ainda antes de completar um ano, começa a manifestar ciúmes do irmão mais velho, embora em muitos momentos se encantem um com o outro. O importante é saber que ciúme e competição fazem parte do relacionamento entre irmãos e não há como evitar que esses sentimentos se façam presentes. Evidentemente, ciúme e competição se atenuam quando todas as crianças sentem que são queridas e valorizadas.

Descobrir que continuará recebendo amor e atenção apesar de ter tido um irmão envolve a travessia do ciúme, do medo, da insegurança e de outros sentimentos que se expressam de muitas formas. Do ponto de vista da criança pequena, "se papai e mamãe estão felizes comigo, por que resolveram ter outro filho?" Sentimentos de raiva, de ter sido traído e relegado a segundo plano surgem também, e nem sempre são diretamente expressos com relação aos pais. Como disse uma avó: "Há três meses nasceu minha segunda neta: a de quatro anos fica zangada quando me vê com a neném, cruza os braços, faz beicinho e diz que não é mais minha amiga, mas com os pais e a irmãzinha está ótima. Acho que ela me escolheu para mostrar o que está sentindo com a chegada da irmã."

Os irmãos compartilham muitas coisas, além da mesma casa e dos mesmos pais: histórias, experiências, brincadeiras, costumes familiares. Os gêmeos compartilharam até mesmo a primeira moradia: o útero materno. Os irmãos se observam e aprendem uns com os outros: como se comportar e como fazer bagunça, o que agrada e o que enfurece os pais, além da aprendizagem de habilidades e competências. Os gêmeos, em especial, se estimulam reciprocamente e estabelecem padrões muito peculiares de comunicação e de sintonia. Para a criança pequena, compartilhar é um conceito que se aprende aos poucos: inicialmente tudo é "meu", inclusive o que é dos outros. Os objetos desejados são como extensões de si mesmo, por isso é tão difícil ceder ou emprestar.

Apesar de todas essas dificuldades, o convívio cotidiano entre irmãos propicia milhares de oportunidades para desenvolver o espírito de partilha: do quarto, de brinquedos, do pacote de biscoitos, do lugar no sofá da sala ou na mesa de refeições. É claro que isso vem mesclado com a competição do "quem chegar primeiro aperta o botão do elevador" ou dos empurrões que um dá no outro para ver quem pega o maior pedaço de bolo. Em muitas dessas cenas do cotidiano surgem inevitáveis brigas e disputas pelo poder. As brigas entre irmãos são oportunidades de aprender a gerenciar conflitos: em vez de tentar julgar quem é o "culpado" pela briga, é muito mais eficaz estimular as crianças a criarem uma solução para o problema. Na arena das brigas, os irmãos podem aprender a colaborar uns com os outros e a resolver conflitos pensando soluções criativas que satisfaçam a ambos. Para brigar menos, é preciso aprender a fazer "combinados" melhores. E isso também vale para os adultos...

Capítulo II

Os principais vetores do desenvolvimento

1. A força do desejo

"Minha filha acabou de completar três anos e diz que eu sou muito brava. E eu me pego dizendo 'Não' a toda hora, mas nada adianta, brigo, deixo de castigo, ela promete que vai se comportar, e torna a fazer tudo de novo. Em muitos momentos eu me sinto perdida sem saber o que fazer para que ela me obedeça..."

Nos primeiros anos de vida, a criança é regida pela "lei do desejo": "Faço o que eu quero, na hora em que quero, do jeito que quero!" O desejo surge com muita força e quer ser realizado de imediato, é difícil esperar. Mas muitos desejos precisarão ser frustrados ou ter sua realização adiada: nesse momento, surge a raiva e, comumente, a criança se descontrola, chora, grita, tem ataques de fúria: "Quando meu filho de quatro anos resolve me pedir alguma coisa que não dá para atender porque estamos dentro do carro é um inferno: grita e chora sem parar, chuta o banco da frente, morde o irmão, não dá para dirigir no meio dessa tempestade de raiva!" O freio interno ainda está na etapa inicial de construção, é preciso que o freio externo dos limites seja imposto com firmeza, serenidade e consistência para que, pouco a pouco, o freio interno da autorregulação funcione de modo eficaz. Como o controle da impulsividade é ainda precário, é mais difícil interromper uma atividade interessante do que iniciar uma nova: por isso, sempre que possível, fale o que pode ser feito em vez de repetir o que não deve ser feito. Por exemplo: "Brinque com a massinha no chão do quarto", em vez de "Não brinque com a massinha em cima do tapete".

Este é um processo gradual, mais difícil e demorado em algumas crianças do que em outras. O acelerador do desejo é, em princípio, muito mais forte do que o freio da proibição. Tipicamente, no início, a criança ouve o "Não pode mexer aí" e logo vai pegar o objeto proibido: parece que há ali um ímã que a atrai irresistivelmente. Na etapa seguinte, a própria criancinha diz "não, não", mas em seguida tenta pegar o objeto; quando vê outra criança tentando fazer o mesmo, repete "não, não", como se a proibição valesse só para as outras crianças, mas não para ela. No passo seguinte da construção do freio interno, antes de pegar o objeto desejado, olha para quem está por perto para ver se tem permissão e, ao constatar que não pode, consegue "resistir à tentação" e entender a proibição.

É importante para a criancinha perceber que os adultos reconhecem seus desejos, enquanto colocam os limites devidos: "Eu sei que você quer continuar brincando aqui fora com a areia, mas agora está na hora de entrar em casa." Os limites definem o território do comportamento aceitável, expressando amor e responsabilidade de cuidar bem da criança. Sempre que possível, mostre alternativas atraentes: "Lá dentro de casa também tem muita coisa boa para fazer!" Isso facilita a transição de deixar uma atividade com a qual está muito envolvida para aceitar o limite que diz: "o tempo acabou!".

Além da construção do freio interno, é útil trabalhar a flexibilidade do pensamento para criar alternativas viáveis. Por isso, é importante dizer não somente "Aí não pode mexer" como também "Mas vamos descobrir o que você pode pegar!". Quando o desejo não é muito intenso, basta oferecer à criança outro objeto ou brinquedo para redirecionar seu interesse. Deste modo, evitamos dizer "Não" com frequência, ampliando suas possibilidades de explorar o ambiente com o que é possível.

A "lei do desejo" vai migrando pouco a pouco para a "lei da realidade": "Nem sempre posso fazer o que quero, na hora em que quero, nem do jeito que quero." É preciso aprender a esperar, a fazer "combinados" e a respeitá-los. É útil reconhecer o desejo, antes de colocar o limite necessário: "Sei que você quer muito continuar brincando com seu amiguinho, mas agora está na hora de voltar para casa." Isso faz a criança sentir-se compreendida, embora precise suportar a frustração de ter de interromper a brincadeira.

Ainda nos primeiros anos de vida, a criança percebe o "ponto fraco" dos adultos e monta estratégias diferenciadas para conseguir o que quer com as diversas pessoas que lidam com ela. Por exemplo, percebe que insistir exaustivamente mina a resistência da mãe, que acaba cedendo aos seus desejos, ou que chorar copiosamente amolece o coração da avó, que não hesita em deixá-la fazer o que quer; mas percebe que, quando o pai diz "Não", há pouca margem de negociação, não adianta chorar, fazer chantagens ou ameaças, apenas aceitar o limite colocado e se voltar para alternativas possíveis.

As inevitáveis frustrações são indispensáveis para desenvolver paciência e pensar alternativas. Isso é parte integrante do autocontrole de que tanto precisamos durante a vida inteira. Uma criança de quatro anos que está andando bem nesse processo é capaz de concentrar sua atenção para montar um jogo de quebra-cabeça, sem desistir nem ter ataques de raiva quando não consegue encaixar rapidamente todas as peças; termina a tarefa com um grande sorriso de satisfação. Outra criança, da mesma idade, porém menos adiantada em seu autocontrole, desiste do jogo ao primeiro sinal de dificuldade, espalha as peças pelo chão com raiva e interrompe a brincadeira aos prantos, incapaz de tolerar a frustração.

> *Quando a gente é criancinha,*
> *Acha que faz o que quer*
> *E depois vai aprendendo*
> *A esperar e a combinar.*
> *Ninguém é o centro do mundo;*
> *Os outros também existem.*
> *Saber disso é essencial*
> *Pra conviver e conversar.*

2. Criancinhas tirânicas

Desde cedo, a criancinha demonstra grande habilidade para montar estratégias de poder e de dominação. Muitos adultos sentem-se acuados com a birra e cedem aos caprichos da criança quando ela começa a dar escândalo, principalmente em lugares públicos. Quando isto se torna um padrão consistente, a criança torna-se tirânica, com dificuldade de desenvolver respeito e consideração pelos outros.

Quando a birra é utilizada como instrumento de dominação, apenas sair de perto e continuar andando sem dar maior importância ao escândalo costuma ser eficaz para desmontar essa estratégia. O que é totalmente inoperante é fazer ameaças que a criancinha sabe que não serão cumpridas ou que a assustam indevidamente ("Vou sumir para sempre e você nunca mais vai me ver!").

Quando temos filhos, nos construímos como pais e mães. O que apreciamos da maneira como fomos criados por nossas famílias? O que nos horrorizou e que prometemos não reproduzir (mas que, tantas vezes, repetimos mesmo contra nosso desejo consciente)? "Tive uma criação muito rígida e acho que isso me prejudicou muito; não consigo colocar limites para meu filho, espero que as professoras o eduquem, porque ele domina inteiramente minha mulher e eu" – confessa o pai de um menino de apenas três anos.

Exercer autoridade não significa ser autoritário; ser bom pai e boa mãe não quer dizer fazer todas as vontades da criança. Falar "Não" quando é o caso não é maldade, é necessidade.

Um ditado inglês que considero ótimo: "Não se deve jogar fora o bebê junto com a água do banho." Por medo de serem "carrascos", "ditadores" ou "autoritários", há pais que sentem enorme dificuldade de colocar os limites necessários para a construção da autorregulação e da percepção do outro. Alguns dizem claramente para as professoras que esperam que isso seja feito pela escola, como se fosse suficiente. Não é. As vivências da criancinha na família e na escola são complementares, porém diferentes. E o processo educacional precisa ser feito em parceria.

Quando os pais permitem que a criança ocupe um enorme lugar de poder, deixam de exercer a hierarquia parental que transmite amparo e contenção. A criança pequena ainda não pode contar com o "freio interno", devido à força de seus impulsos e da construção, ainda inicial, das estruturas cerebrais e das conexões neuronais que permitem o pleno funcionamento do pensamento lógico e do raciocínio. As pessoas da família e a equipe escolar precisam colocar o "freio externo" sempre que necessário para que a criancinha se organize. Mas, quando ela é vista como "rainha", os adultos da casa se transformam em súditos, sempre prontos para servi-la e, em pouco tempo, à mercê de seus impulsos não contidos nem canalizados, ela manda e desmanda impiedosamente.

Diz a mãe exausta de uma menina de quatro anos: "Ela não desgruda de mim nem quando eu vou ao banheiro! Chora, chuta a porta, quando eu abro para deixá-la entrar ela me bate, quando estou conversando com outra pessoa segura meu rosto para que eu olhe para ela e coloca a mão na minha boca para me impedir de falar..."

Ser mãe não é "padecer no paraíso" nem é preciso ter filhos "para conhecer a vida selvagem", como mostra o adesivo de alguns automóveis de pais de crianças pequenas. É uma questão de postura, de colocar os limites devidos com firmeza e serenidade: "Está na hora do meu banho, vou fechar a porta, depois ficarei com você" (desde que outra pessoa esteja em casa para ficar de olho na criancinha, é claro); "Estou conversando com minha amiga agora, espere um pouco, vou brincar com você depois". Pais mártires, que se deixam violentar por criancinhas déspotas, mostram atitudes que os filhos captam como permissão para ocupar espaços indevidos. Crianças não podem ficar no comando: elas se sentem perdidas.

3. Aprendendo a lidar com a raiva

Não é só a força do desejo que toma conta da criancinha: suas emoções também, especialmente a raiva que surge da frustração de desejos ou da necessidade de esperar um pouco mais para que sejam realizados ("biscoito só na hora do lanche, agora é hora de almoçar!"). Quando os outros reagem diferentemente do esperado, seja em casa ou na escola, é comum que a criancinha mostre sua raiva chutando, mordendo, xingando, empurrando, socando, cuspindo, atirando-se ao chão, batendo com a cabeça na parede, retesando o corpo e fechando os punhos: antes de falar com razoável fluência, expressa o que sente exclusivamente pela linguagem corporal. Pais e avós indignados reclamam com as professoras que a criança foi atacada a mordidas. Em fração de segundos, as criancinhas enraivecidas avançam umas nas outras e nem sempre é possível evitar que isso aconteça...

No primeiro ano de vida, a criancinha que puxa o cabelo de alguém, por exemplo, ainda não tem a noção de que isso machuca. Só no decorrer do segundo ano, quando a noção do "eu" e do "outro" está mais clara, a criancinha começa a associar a raiva que está sentindo com a vontade de atacar alguém. Mas, mesmo assim, ainda não visualiza as consequências de seus atos, não consegue regular seu comportamento nem avaliar a própria força. As fronteiras entre o tapa e o carinho estão precariamente delimitadas.

Morder, chutar e bater são expressões normais da agressividade na criancinha, o que não significa que devam ser toleradas. São oportunidades para construir maneiras aceitáveis de expressar a raiva e também de desenvolver a assertividade. Quando surgem os dentes, dar ao bebê algo firme para morder e aliviar o incômodo ajuda muito. Mas, quando morde alguém, é preciso dizer com firmeza: "Morder, não, isso machuca!" Ou dar alternativas, até com um toque de humor: "Está com muita vontade de morder? Tome esse pedaço de cenoura! Podemos morder cenouras, maçãs e muitas outras coisas, gente não!" Quando a criança está tão enraivecida a ponto de agredir descontroladamente, sem atender ao comando de parar, precisará ser segurada de modo firme e gentil, para interromper a agressão.

Há crianças mais difíceis de lidar do que outras e, no que se refere à agressividade, há os mordedores contumazes que acabam sendo o terror da turma e que exigem da equipe escolar uma habilidade especial para que todos possam aprender com essas situações do relacionamento entre os coleguinhas. Infelizmente, há famílias de alunos que discriminam o mordedor de apenas dois anos, pressionando a equipe da creche para trocá-lo de turma e jamais o convidam para as festas de aniversário. Há vários recursos para ajudar a criança excessivamente agressiva a modificar seu comportamento. É preciso ver, em primeiro lugar, como é o contexto em que ela vive: será que é continuamente agredida por alguém da própria família ou que trabalha na casa? Será que há uma excessiva tolerância com a agressão, sem apresentar os limites devidos e as alternativas viáveis?

As creches que trabalham com o objetivo de formar novas gerações de pessoas não violentas e solidárias atuam com as duplas de mordedores e mordidos. Os mordidos precisam desenvolver habilidades para neutralizar a agressão do outro, dizendo com firmeza coisas do tipo "Não gostei do que você fez!", criando outras maneiras de desenvolver a assertividade e a autodefesa (um dos caminhos da agressividade necessária para nossa vida). Os mordedores aprendem a reparar os danos: além de pedir desculpas, são estimulados a cuidar do machucado e a pensar em outras formas de resolver o conflito sem ser pela agressão.

É essencial falar sobre os sentimentos e colocar os limites necessários nas expressões inaceitáveis da raiva: "Você ficou zangado porque sua amiguinha não quis emprestar o brinquedo, mas não pode mostrar sua raiva batendo nela!" Pouco a pouco, constrói-se a noção de que sentir raiva é normal e inevitável, mas há maneiras de mostrá-la que são aceitáveis e outras que não são.

"Fui criada de um jeito muito rígido e quis educar a minha filha com mais liberdade para ela mostrar o que sente." Essa é uma confusão de conceitos que muitos pais fazem: espontaneidade não é sinônimo de grosseria e falta de educação! Todos nós precisamos aprender a tomar conta da raiva antes que ela tome conta de nós. Nem sempre esse processo se completa na infância. Em muitos adultos, o controle da impulsividade continua precário: a agressividade explode em violência física ou verbal contra outros adultos na família, no trabalho, no trânsito...

Os adultos destemperados falam ou fazem barbaridades quando se enraivecem, depois dizem que "perderam a cabeça". Isso acontece mesmo, e a neurociência esclarece: nosso "cérebro emocional" (o sistema límbico) inunda nosso "cérebro racional" (as estruturas que evoluem progressivamente no decorrer da infância e da juventude e nos tornam capazes de pensar e de refletir sobre nossas ações) nas "tempestades" de raiva e também de medo. Quando isso acontece, perdemos o controle sobre nosso comportamento. No cérebro infantil, o sistema límbico (diretamente ligado ao hemisfério direito) está mais desenvolvido do que as conexões neuronais do hemisfério esquerdo, daí a força do desejo e da impulsividade, mas o processo de integração entre as diversas estruturas do nosso cérebro é o que permite nosso equilíbrio emocional. Daí a enorme importância de canalizar as expressões da raiva.

Há situações (por exemplo, dentro do carro) em que fica difícil separar os "briguentos" e colocar um em cada canto para esfriar os ânimos, mas, dentro de casa, o manejo do tipo "um para cada canto até se acalmarem" pode ajudar a recuperar o autocontrole da agressividade. Quando "esfriam a cabeça" conseguem parar para pensar: "De que outro modo vocês podem resolver o problema fazendo um acordo, em vez de brigarem daquele jeito?"

"Eu tento ajudar meu filho a controlar a raiva dizendo que ele fica muito feio quando ataca as pessoas e aí até eu vou deixar de gostar dele e ele vai ficar sozinho!" Não adianta tentar resolver um problema criando outro: ameaçar a criança com abandono e rejeição vai machucá-la desnecessariamente e provocar insegurança. É mais útil reconhecer a raiva, colocar o limite para as expressões inaceitáveis, estimular a criança a pedir desculpas e a consertar o estrago. Se intempestivamente a criancinha rasgou a folha em que a colega estava desenhando, poderá ser estimulada a dar a ela uma nova folha, pedindo desculpas por ter estragado o desenho. Desenvolver a capacidade de perceber o impacto que suas ações tiveram sobre os outros pode ser estimulado com comentários do tipo: "Quando você ficou com raiva e rasgou o desenho da sua colega, ela ficou muito chateada com você!"; "O que você sentiria se um amigo seu rasgasse um desenho lindo que você fez?" Pouco a pouco, a criancinha aprende a perceber que não é o centro do mundo: os outros também existem e precisam ser reconhecidos e respeitados.

Outra questão importante: será que os adultos da família estão exigindo bom comportamento em situações que seriam difíceis para qualquer criancinha tolerar? Por exemplo, é inviável esperar que ela fique quietinha na cadeira do restaurante quando a comida demora a chegar e ela está com fome; submetê-la a longos períodos de espera na fila do banco ou do caixa do supermercado também é um convite à irritabilidade. Comumente, os episódios de birra surgem quando as criancinhas estão cansadas, com sede ou com fome.

À medida que crescem, as crianças são capazes de regular as próprias brigas: medem forças, trocam tapas, mordidas, pontapés, empurrões em meio aos gritos e, logo em seguida, voltam a brincar. E também brincam de brigar (muitos adultos fazem o mesmo, especialmente entre os casais!). Há situações em que, devido à grande diferença de força ou de tamanho, é preciso intervir. O fundamental é que, quando é preciso intervir para separar, não se façam investigações e julgamentos do tipo quem começou, quem provocou, quem tem razão, quem é o maior e quem é o pequenininho (se a briga é dos dois, ambos precisam descobrir como acabar com ela!). Embora haja casos em que uma criança pequena é implacavelmente perseguida por outra maior (seja irmão ou colega de escola), não se deve subestimar a habilidade dos menores para provocar a ira dos maiores nem sua agilidade para sair correndo e pedir socorro!

Professores da Educação Infantil observam que há crianças que entram na escola com condutas agressivas muito mais intensas que as esperadas para essas faixas etárias. Quase sempre, as pessoas das famílias dessas crianças se atacam umas às outras com palavras que ferem ou até mesmo com violência física. A energia agressiva faz parte do nosso equipamento e precisamos canalizá-la para utilizá-la na construção da assertividade e da persistência para enfrentar os obstáculos, entre outras coisas. Mas a violência é uma linguagem aprendida e, desde os primeiros anos, as crianças reproduzem o que vivem em seu ambiente familiar, escolar e comunitário.

"Tia, a senhora não sabe bater?", perguntou uma menina de quatro anos para a professora que dizia que ela não poderia chutar os colegas que rejeitavam suas sugestões de brincadeiras. "Sei, mas escolhi não bater e prefiro conversar sobre o que aconteceu!", respondeu a professora. Quando se trabalha em escolas inseridas em comunidades dominadas pelo tráfico de drogas e pela guerra entre facções criminosas, pode-se perceber o quanto a violência está entranhada no tecido social e o impacto que provoca nas relações familiares. "O ataque é a melhor defesa": professores se queixam que as famílias os agridem, até fisicamente, os ameaçam e os intimidam quando discordam de algo que aconteceu na escola. Em vez de "família e escola", há "família × escola". Na falta de parceria eficaz, o trabalho do educador é mais complexo, porém possível: transmitir às crianças, desde cedo, que há modos não violentos de resolver problemas e encontrar soluções para os conflitos e as divergências. Nem tudo se resolve "no tapa e no grito".

Pela estrada da vida, todos nós encontraremos situações desafiadoras e frustrações que nos deixarão temporariamente desanimados ou enraivecidos. Precisamos estar equipados para enfrentá-las e superá-las, usando o melhor de nossas habilidades, em vez de explodir como uma bomba espalhando os estilhaços que atingirão quem estiver por perto. Para isso, no decorrer da infância, é preciso desenvolver a capacidade de pensar antes de agir impulsivamente, para escolher o melhor caminho e resolver os problemas, procurando formar uma boa ligação com as pessoas. Esses são os fatores que determinam a competência pessoal para sobreviver em situações complicadas, ingrediente básico da resiliência. E as sementes primordiais precisam ser plantadas nos primeiros anos de vida.

Para ajudar a criancinha a canalizar a agressividade de modo que não se expresse de forma violenta e destrutiva, é preciso que as pessoas da família e da escola empreguem maneiras firmes, porém não violentas, para educá-la. É a força da delicadeza, essencial para a aprendizagem da disciplina, da gentileza e da harmonia do convívio. Não dá para criar filhos ou lidar com alunos sem uma boa dose de paciência: aprender o que pode e o que não pode ser feito e internalizar as regras sociais e os valores de bom convívio dependem da repetição e da consistência na transmissão das mensagens.

Em síntese, os adultos que cuidam da criancinha, em casa ou na Educação Infantil, podem desenvolver vários recursos para reforçar condutas adequadas e ajudar a canalizar impulsos, sem mergulhar em um clima de guerra e de confrontos permanentes.

Vamos tomar conta da nossa raiva
Pra que ela não tome conta de nós.
As palavras também ferem,

Criam mágoa e mal-estar.
Dizer o que não gostamos
Sem ofender nem humilhar.
Assim nós nos entendemos
E criamos um clima de bem-estar.

4. Aprendendo a lidar com o medo

Todos nós sentimos medo: há milênios o medo sinaliza perigo (e não só para os humanos), e nosso organismo imediatamente aciona mecanismos que nos permitem lutar ou fugir.

Entre sete e nove meses, é comum a reação negativa a estranhos, mesmo em bebês que, antes, passavam de colo em colo sem problemas. É uma fase que costuma ser passageira, mas nem sempre. Às vezes, passa a predominar a associação entre medo e vergonha: a criancinha arredia evita fazer contato com o olhar, não fala, esconde-se atrás de um adulto conhecido, desconfiada e assustada com a maioria das pessoas.

No primeiro ano de vida, o bebê está fundamentalmente impulsionado para a descoberta das novidades do mundo em que acabou de chegar. O "acelerador" da curiosidade, do comportamento exploratório e aventureiro predomina sobre o "freio" do medo, da cautela e da noção de perigo, ainda no decorrer do segundo ano de vida. Porém, o medo e o susto surgem ainda no primeiro ano. Ruídos fortes e inesperados (sirenes, portas que se fecham de repente, trovões, fogos de artifício) assustam o bebê, assim como pessoas falando com irritação ou pegando-o de maneira brusca. Posteriormente, é comum a criança sentir medo do escuro (com monstros, bruxas, fantasmas e as táticas que alguns adultos utilizam com a intenção de amedrontar a criança para ela ficar quieta), medo de perder os pais (ansiedade de separação, angústia de perda que às vezes se intensifica com ameaças de abandono caso a criança continue se comportando mal); surge também o medo de errar ligado à vergonha de ser visto desfavoravelmente, medo de sofrer ataques (ladrões, guerras, desastres naturais, atentados terroristas: as criancinhas ficam expostas às imagens da TV, de manchetes de jornais e capas de revistas).

A noção de perigo é construída gradualmente nos primeiros anos de vida: embora bebês e crianças pequenas sintam medo, ainda não desenvolveram satisfatoriamente a autoproteção e, por isso, precisam de vigilância permanente para evitar que se atirem do sofá, que coloquem o dedinho nas tomadas ou nas panelas que estão no fogo. Para andar na rua, é preciso sempre segurar a mão do adulto, porque, diante de qualquer estímulo interessante, a tendência é a criança sair correndo sem prestar a mínima atenção aos carros em movimento. Quando saem em grupo para os passeios da escola, professores e auxiliares cuidadosos devem ocupar posições estratégicas e organizar as crianças em fila para que não saiam em disparada.

A vigilância protetora e os avisos repetidos inúmeras vezes ("Aí não, faz dodói"; "longe do fogão para não queimar a mãozinha") evitam muitos acidentes e ajudam a criança a construir a noção de perigo. Os machucados inevitáveis reforçam o medo a partir do qual surge a necessidade da autoproteção. Criancinhas mais "atiradas" e destemidas, com forte impulso para aventuras e experiências novas, demoram mais a consolidar esse processo. Por outro lado, há as que são muito mais suscetíveis ao medo e evitam se expor a inúmeras experiências, inclusive as que não oferecem perigo algum, restringindo oportunidades de explorar o mundo.

É um processo complexo: a criancinha precisa de proteção para que experimente coisas novas até conseguir internalizar de modo adequado a noção de perigo. Esta se desenvolve aos poucos, formando a base da capacidade de autoproteção. A intensidade do medo de entrar em situações novas varia de acordo com o temperamento da pessoa e com o contexto em que ela está (se vai encorajá-la a superar o medo ou se vai reforçá-lo). Adultos que olham o mundo como um lugar cheio de perigos e de fontes de contaminação (vivem passando o dedo nos móveis para descobrir onde há poeira; lavam as mãos compulsivamente por medo de micróbios) podem "contaminar" criancinhas mais impressionáveis, que passam a adotar uma atitude de hipervigilância: o corpo tenso, o olhar pesquisando cada canto do ambiente, o medo estampado no rosto, repetindo as frases que escuta continuamente: "aqui está tudo sujo", "não posso fazer isso, senão vou ficar doente".

A visão subjetiva (o modo como percebemos determinadas experiências e acontecimentos) também determina o tipo de sentimento predominante. Por exemplo, alguns bebês que precisaram, nos primeiros meses de vida, fazer cirurgias ou passar por internações hospitalares prolongadas desenvolvem pavor de médicos, injeções ou outros tratamentos por terem sentido essas experiências como traumáticas. Isso ocorre, em especial, quando os bebês foram submetidos a tratamentos dolorosos (vividos como ataques ao seu corpo), a intervenções que restringiram sua liberdade de movimentos (gesso, coletes ortopédicos) ou a privações alimentares importantes (crianças diabéticas ou alérgicas a leite e seus derivados).

Mesmo sem antecedentes traumáticos, a simples ida rotineira a médicos e dentistas pode assustar a criancinha, sobretudo quando pessoas da família costumam ameaçá-la com idas ao médico ou com injeções, caso ela não se comporte direito. Sem o clima de ameaça, e com os devidos esclarecimentos sobre o que vai acontecer, é fácil conseguir a cooperação da criancinha para deixar-se examinar, tomar remédios ou injeções, segura de que nada de muito ruim vai ocorrer: "Dói um pouquinho, mas depois passa."

Alguns medos que, para os adultos, parecem exagerados podem ser entendidos quando estes são tomados do ponto de vista da criança. Por exemplo, para o adulto, a onda no mar é pequena porque nem chega à sua cintura, mas, para a criancinha que está a seu lado, é uma onda gigantesca; um cachorro observado do colo da mãe pode parecer pequeno, mas, frente a frente com ele no chão, é enorme.

A transmissão de segurança e de confiança é como a mão segura que ampara os primeiros passos, encorajando criancinhas mais retraídas a encarar algumas aventuras. Muitas coisas podem assustá-las, até mesmo a água do mar, do chuveiro ou da piscina. Ir, aos poucos, brincando de modo descontraído para familiarizar a criança com os novos elementos costuma ser a conduta mais eficaz.

O medo que, a princípio, é um sinalizador essencial para nos proteger do perigo pode extrapolar suas funções e se tornar um agente de inibições, dificultando a abertura para a vida. Temos, então, o "medo amigo", que sinaliza perigos verdadeiros (ao qual precisamos obedecer), e o "medo inimigo", que nos apavora com perigos imaginários (ao qual precisamos desobedecer e desafiar para que não tome conta de nós, cristalizando inibições e aniquilando nossa coragem). Lidamos com "medos amigos" e "medos inimigos" no decorrer de toda nossa vida. Ao ajudar as criancinhas a desobedecer a seus medos inimigos é sempre oportuno pensar naqueles que nós mesmos, adultos, precisamos desafiar porque estão atrapalhando nossa vida.

"Não quero dormir na minha cama, tem um monstro no meu quarto!", diz uma menina de quatro anos; "meu pai viaja a trabalho uma vez por semana, até ele ligar avisando que chegou fico muito nervoso", diz um menino de dez anos; "está difícil começar a namorar, quando penso em me aproximar de uma garota fico em pânico, acho que vou travar, não vou conseguir falar nem uma frase", confessa um rapaz de dezoito anos; "desde pequena, tenho pavor de borboletas, não consigo olhar nem as fotos, meu coração dispara", revela uma mulher de cinquenta anos. Os medos inimigos nos atacam em qualquer idade: na síndrome do pânico, a pessoa acha que vai morrer, as expressões físicas da angústia são terrivelmente desconfortáveis (taquicardia, suor frio, dificuldade de respirar, dor no peito, são os sintomas mais comuns). O "cérebro emocional" entra em curto-circuito, embaralhando medos e angústias, disparando o alarme quando menos se espera ("os ataques de ansiedade chegam de repente e me deixam totalmente descontrolado"). A conduta mais comum é evitar as situações que despertam a ansiedade (reação "fuga"), intensificando inibições e criando fobias ("não quer ir a festas de aniversário dos amiguinhos de jeito nenhum, entra em pânico quando as bolas começam a ser estouradas"). Acontecimentos desagradáveis assumem proporções catastróficas ("desde o dia em que um colega o mordeu com tanta força que a bochecha sangrou, ele não quer ir para a escola, chora tanto, mas tanto, que acaba vomitando").

Porém, a reação "fuga" expande os domínios do "medo inimigo": dentro de pouco tempo, outras situações passam também a desencadear angústia e começam a ser evitadas. Com isso, o espaço vital para acolher os acontecimentos da vida fica cada vez mais restrito. Por isso, é importante estimular a "reação luta": começar a se expor pouco a pouco às situações que geram ansiedade para fortalecer nossa coragem e reduzir o poder do "medo inimigo" (brincar com bolas de aniversário de início sem estourá-las, imitar o barulho da bola estourando, estimulando a criança a fazer o mesmo, até que ela própria consiga se divertir enchendo, esvaziando, jogando de um lado para outro; "brincar com o medo", por exemplo, encorajando a criança a desenhar o monstro que ela acha que está no quarto em que dorme, perguntar a cor, o que ele faz, como descobrir um modo de mandá-lo embora). É inútil afirmar que o monstro não existe: ele existe, sim, na imaginação, que é uma realidade interna poderosa dentro de cada um de nós.

Enfim, há muitos recursos eficazes (em todas as idades) para reprogramar nossos circuitos neuronais: uma das mais fantásticas descobertas da neurociência é que o trabalho da nossa mente e a contribuição dos relacionamentos podem mudar as conexões neuronais, corrigindo caminhos que trazem sofrimentos desnecessários e construindo bem-estar e autoconfiança.

Na educação tradicional, "meter medo" nas crianças era considerada uma estratégia eficaz para garantir bom comportamento: "Vá dormir agora mesmo, senão o bicho-papão vai te pegar!" Encolhidas debaixo das cobertas, as crianças adormeciam apavoradas, sozinhas com seus medos. Ameaças de abandono também eram muito utilizadas para fazer a criança ficar bem comportada rapidamente, apesar de criar insegurança e a sensação de andar em campo minado: "Se você continuar malcriado assim, eu vou sumir dessa casa e você nunca mais vai me ver, vai ficar sem mãe pra cuidar de você!" Os efeitos colaterais desses "recursos" são pesados, os medos inimigos florescem: é mais útil colocar limites claros, coerentes e consistentes com as consequências pertinentes para educar dando à criança a segurança de ser amada e acolhida.

Diferentes estilos de ser já começam a se delinear nos primeiros anos de vida: vemos a criança desafiadora, a ativa, a que demora a "esquentar", tímida ou cautelosa, que às vezes envergonha os pais porque se esconde atrás deles ou vira o rosto para o outro lado, em vez de cumprimentar quem chega. A frustração dos pais muitas vezes se manifesta pela irritabilidade, e a criança não entende o porquê, pois ela precisa de tempo para se acostumar com a situação ou para aceitar a pessoa nova. A maioria dos adultos precisa continuar desenvolvendo sua capacidade de empatia, tentando enxergar a situação pelos olhos da criança, compreendendo seu jeito de ser. Por exemplo, um grupo grande de crianças pode ser ameaçador para uma criança tímida, ela precisa brincar com uma criança de cada vez, ou com um grupo pequeno.

Adultos que dizem, orgulhosamente: "Não tenho medo de nada!" precisam fazer um autoexame mais detalhado. Pessoas muito impulsivas tendem a tomar decisões precipitadas e impensadas, sem avaliar os riscos; por outro lado, pessoas muito medrosas ficam aprisionadas nas situações conhecidas, mesmo que estejam insatisfatórias, porque estão paralisadas pelo medo da mudança.

O medo nos acompanha por toda a vida, nas mais variadas formas, muitas das quais indispensáveis à autoproteção. O medo é um dos ingredientes da cautela e da ponderação cuidadosa que nos ajuda a pesar alternativas para tomar a melhor decisão em muitas áreas: na escolha dos tipos de investimento financeiro (se vamos ser arrojados ou conservadores), se vamos aceitar ou recusar uma proposta mais atraente de trabalho, embora envolva viagens constantes e aprendizagem de novas habilidades (se devemos ter coragem para enfrentar novos desafios ou medo de perder as raízes e a segurança de uma situação conhecida), se vamos romper uma relação amorosa estável porque fomos surpreendidos por uma paixão avassaladora. Nas diversas encruzilhadas das escolhas que se apresentam no decorrer de toda nossa vida é preciso tentar encontrar um equilíbrio entre coragem e cautela. É nos primeiros anos de vida que começamos a ter contato com essa gama de possibilidades no terreno das emoções.

5. Choro é comunicação!

Quando chegamos à idade adulta, já estamos tão mergulhados no universo das palavras que nem sempre prestamos atenção à imensa riqueza da comunicação não verbal. Mas, ao cuidar de bebês e de criancinhas que ainda não desenvolveram vocabulário suficiente para se expressar com palavras, temos a oportunidade de voltar a esse mundo de sutilezas revelado por movimentos do corpo, expressões faciais, tipos de olhar e pela "música" do choro. É preciso, portanto, apurar nossa sensibilidade para decodificar essas mensagens que expressam diferentes necessidades: os diversos tipos de choro sinalizam fome, sede, desejo de ser aconchegado, dor, desconforto com fraldas molhadas, cansaço de permanecer muito tempo em uma mesma posição, sensação de calor ou de frio.

Há também o choro que é simplesmente a descarga de tensões acumuladas pelas atividades do dia que não puderam ser processadas. Especialmente entre três e doze semanas de vida, o "choro de agitação" costuma surgir no final da tarde: antigamente, isso era atribuído às "cólicas"; atualmente, esse choro é entendido como expressão de um sistema nervoso ainda muito imaturo que procura se reorganizar, descarregando as tensões do dia. Como é difícil consolar o bebê nessa hora, os pais acabam tentando fazer tantas coisas que a agitação cresce ainda mais. O mais recomendável é reduzir a estimulação quando se aproxima a hora em que esse choro costuma surgir. No entanto, há bebês que são hipersensíveis, costumam chorar muito e são difíceis de acalmar.

Na época em que os dentes começam a despontar, o choro de desconforto é frequente, a criancinha fica muito irritadiça. Nem sempre "traduzimos" o choro corretamente: damos alimento quando o bebê quer ser aconchegado ou o mudamos de posição quando, na verdade, ele está com dor de ouvido. Aperfeiçoar essa sintonia é um exercício diário de convívio amoroso que nos permite atender às necessidades do bebê com um grau razoável de acerto.

Nos primeiros meses de vida, o bebê está começando a formar sua visão do mundo fora do útero materno: onde ele "desembarcou"? É um lugar confiável, em que encontrará pessoas amorosas e acolhedoras? Ou é um lugar em que ele chorará horas a fio sem que alguém venha socorrê-lo, intensificando uma dolorosa sensação de abandono e maus-tratos? Os milhares de pequenos momentos do cotidiano em que percebe que está sendo bem cuidado e amado vão construindo dentro dele a sensação de segurança e de confiança nas pessoas. Por isso é tão importante sintonizar-se com os ritmos do bebê e atender às suas necessidades o mais prontamente possível nos primeiros meses de vida, sem deixá-lo esperar desesperado porque "ainda não está na hora de mamar de novo", por exemplo.

No entanto, após o primeiro semestre de vida, o bebê já aumentou bastante sua capacidade de observação do que acontece ao redor e consegue fazer associações que sinalizam, por exemplo, a hora do banho ou o preparo do suco no liquidificador. Consegue esperar um pouco mais para ter suas necessidades atendidas e começa a perceber que o choro pode ser um instrumento de poder para ser o centro das atenções. A partir dessa etapa, se continuar sendo prontamente atendido, começará a tiranizar as pessoas: "Com dez meses, comecei a me desesperar: eu o ninava para adormecê-lo, assim que eu o colocava no berço acordava e começava a chorar, e assim foram noites sem ninguém conseguir dormir, meu marido e eu nos revezando com ele no colo para lá e para cá no corredor do apartamento, no dia seguinte a gente ia morto para o trabalho e ele dormia durante o dia..."

À medida que o vocabulário vai aumentando, a criança descobre outras maneiras de falar e de agir para expressar o que quer e fazer "combinados": a partir daí, o choro deixa de ser o principal recurso de comunicação. Mas há crianças que crescem ainda recorrendo ao choro com muita frequência: é importante encorajá-las a se expressar de outro modo ("Vou entender melhor o que você quer se falar, em vez de ficar chorando"). Isso é diferente da postura de não tolerar o choro: na educação tradicional a frase "engole o choro!" era bem conhecida, especialmente pelos meninos quando ainda vigorava a crença de que "homem não chora!". Quantos meninos cresceram sufocando sua sensibilidade, por ouvir dizer que chorar, ser sensível e expressar sentimentos eram coisas de meninas, mulheres e "mariquinhas"! Ou então a ameaça: "Se continuar chorando, vou te bater mais ainda!" – cruel tentativa de suprimir o choro como expressão de dor.

Durante toda a vida, o choro é um meio de expressar o que sentimos: euforia, tristeza, raiva, mágoa e muito mais. Como lidamos com nosso próprio choro? Sentimos vergonha de chorar vendo um filme? Nosso orgulho diz que devemos "engolir o choro" quando estamos em uma conversa difícil com nosso chefe ou com a pessoa amada? Acolher nossas emoções e suas formas de expressão é essencial para nos sintonizarmos com o choro das criancinhas!

6. A fala e outras linguagens

A criança entende o que é dito muito antes de conseguir falar fluentemente, mas muitos adultos subestimam sua sensibilidade para captar o conteúdo das conversas. Há pais que falam abertamente sobre assuntos que não deveriam ser abordados na presença da criança achando que ela não está prestando atenção por estar brincando, vendo TV ou simplesmente por pensarem que ela não entende o que está sendo dito. No entanto, as mensagens são captadas por meio da "música" da voz, pelos olhares e pelos sentimentos veiculados pelas palavras.

A linguagem falada é, fundamentalmente, aprendida na interação com as pessoas, e não por meio de uma tela de TV ou vídeo (os "amiguinhos eletrônicos"). As linguagens midiática e digital (rádio, televisão, computador e outras mídias móveis) podem ser auxiliares nesse processo, mas nunca substituem a interação humana, pelo simples fato de não incluírem o afeto. Elas auxiliam, sobretudo, na aquisição da habilidade de "navegar" por várias mídias e novas linguagens, aprendendo a selecionar e a integrar informações em uma sociedade que depende da tecnologia para o desempenho de inúmeras tarefas e para o acesso ao conhecimento.

A ampliação do vocabulário e a capacidade de formar frases, expressando sentimentos e pensamentos, enriquecem enormemente as possibilidades da comunicação. Há muitas maneiras de contribuir para essa ampliação do vocabulário. Desde os primeiros meses de vida, falar com o bebê olhando em seus olhos forma um sólido alicerce para a aprendizagem da fala. Posteriormente, conversar sobre diferentes assuntos e sobre coisas que estão sendo observadas amplia o campo de informações e de vocabulário. Outros recursos importantes: associar palavras novas (pronunciadas corretamente) com as experiências concretas: "Vamos ver onde está seu nariz! E o nariz do papai, cadê?"; "Estou amassando as batatas para colocar no seu prato, junto com o feijão." Descrever as ações da criança também estimula o desenvolvimento da comunicação: "Você está olhando o livro que tem o elefante cinza e o macaco marrom!" Estimular a criação de histórias também: a imaginação é uma poderosa ferramenta para a expansão da linguagem, além de propiciar o entendimento de outras realidades e personagens. Antes de desenvolver a fala, as criancinhas utilizam amplamente os gestos para comunicar o que querem: apontam o filtro de água para mostrar que estão com sede, mostram um brinquedo fora do seu alcance para que alguém pegue para elas. No entanto, a expansão do vocabulário atrasa quando as pessoas prontamente atendem aos pedidos feitos dessa forma, sem estimular que a criança tente se expressar também por palavras. Por isso, é útil dizer à criança: "Fale com a boca, e não só com as mãos!"

A maioria das crianças começa a falar as primeiras palavras um pouco antes de completar um ano de idade; por volta de um ano e meio, combina algumas palavras mas ainda não forma frases completas ("Mamãe, maçã!", "papai, bola!"), dominando cerca de 50 palavras; a partir de dois anos, a criança aumenta rapidamente sua fluência verbal e, a partir dos três anos, vai progressivamente construindo a aprendizagem das estruturas da língua.

Alguns fonemas podem ser bem difíceis para algumas crianças que, mais tarde, poderão precisar de um trabalho de fonoaudiologia. Se, no decorrer do segundo ano de vida, não der para entender o que a criança está falando, é recomendável fazer uma avaliação: a criancinha fica muito frustrada e irritada quando tenta se comunicar verbalmente e não consegue. Mas, na imensa maioria dos casos, é surpreendente a capacidade das criancinhas para aprender a falar, inclusive línguas estrangeiras. Em famílias com pais de nacionalidades diferentes ou que estão vivendo em outro país, a criança é capaz de se expressar, desde cedo, em mais de um idioma porque consegue diferenciar com quem precisa falar em que língua. Pode acontecer que se dirija à mãe em português e ao pai em francês; ou falar inglês com os colegas da pré-escola e espanhol com as pessoas da família.

Os gêmeos se comunicam entre si intensamente e entendem melhor a linguagem peculiar que desenvolvem para uso próprio. Por isso, a evolução da língua "oficial" pode ser mais lenta, embora a comunicação entre eles seja rica. Mesmo antes de pronunciar palavras inteligíveis, os gêmeos "conversam" muito entre si e, com isso, conseguem rapidamente aprender a alternar quem "fala" e quem escuta.

Há famílias que ficam tão encantadas com o início da fala da criancinha que passam a se comunicar com ela em seu próprio "dialeto". Pais, tios ou avós excessivamente solícitos vão além: oferecem o que a criança pede apenas quando ela aponta para o objeto desejado, choraminga ou balbucia, mesmo que já saiba as palavras apropriadas para dizer o que quer. Atitudes como estas não ajudam o desenvolvimento da linguagem e a expansão dos canais de comunicação: a criança também tem contato com outras pessoas fora do círculo familiar e precisa se fazer entender claramente na linguagem "oficial" e não em seu "dialeto".

Cantar para a criança estimula a fala (logo ela se anima a cantar junto) e também o ritmo, a memória, o movimento do corpo, a mímica dos gestos que acompanham a letra da música.

Ler para a criança é um ótimo recurso para a expansão do vocabulário, além de desenvolver o gosto pela leitura em um ambiente acolhedor e amoroso. Os livros introduzem palavras e conceitos que nem sempre fazem parte do cotidiano da criancinha, ampliando seu universo, antes mesmo de começar a falar. Os irmãos maiores, que já estão alfabetizados mas precisam melhorar a fluência da leitura, podem ser estimulados a ler para os menores teatralizando o texto, o que será divertido para todos.

É essencial apresentar à criança o mundo mágico dos livros desde o início da vida: desse modo, quando ela for alfabetizada, já terá incorporado o prazer associado à leitura. Os livros para bebês podem ser de pano ou plastificados, fáceis de limpar, com muitas figuras e poucas palavras, podendo ser usados como brinquedo. Os adultos ou os irmãos maiores podem ler a palavra associada com a figura, acrescentando detalhes pouco a pouco. Por exemplo: "Este é o gato, ele é cinza e branco e faz miau!" Em torno de um ano, a criancinha já se interessa em manusear os livros, virando as páginas, apontando para as figuras e memorizando o nome das que lhe despertam mais atenção.

Entre dois e três anos, as criancinhas apreciam livros com animais e objetos familiares, com histórias simples e rimadas para serem lidas durante alguns minutos, enquanto estiverem despertando interesse. Habitualmente, gostam de ouvir as mesmas histórias muitas vezes, para compreendê-las melhor. Quando os personagens são teatralizados, o texto passa a dar acesso à linguagem gestual e teatral. Com toda essa estimulação, o livro passa a fazer parte da vida da criancinha como mais uma fonte de prazer e de expansão de diferentes linguagens (oral, escrita, pictórica), tanto em casa quanto na escola.

7. Amamentação e desmame: transição importante

A lista de benefícios a curto, médio e longo prazo do aleitamento materno tanto para a mãe quanto para o bebê é extensa: a mulher que amamenta tem menor incidência de sangramento pós-parto, recupera mais rapidamente o peso que tinha antes de engravidar, tem menor índice de diversos tipos de câncer e de fraturas ósseas por osteoporose; o bebê amamentado ao seio apresenta menores índices de várias doenças (alergias, dermatites, bronquite, rinite alérgica, entre outras) e se desenvolve melhor do ponto de vista cognitivo, social, emocional e neuromotor. Estes benefícios ocorrem especialmente no aleitamento materno exclusivo (o bebê se alimenta somente com o leite da mãe nos seis primeiros meses de vida). Mesmo quando retorna ao trabalho, a mãe pode continuar oferecendo seu leite para alimentar o bebê: o leite retirado com uma bomba tira-leite pode ser conservado por até 24 horas na geladeira ou por até três meses no congelador.

No entanto, embora o leite materno seja o único perfeitamente adequado ao organismo do bebê, nem todas as mulheres podem, querem ou conseguem amamentar. A mulher pode ser boa mãe, seja dando o seio, seja dando a mamadeira. O importante é que as mulheres que desejam amamentar disponham de informações e do apoio necessário para que consigam ter boa lactação. Com informações corretas, ajuda adequada e desejo verdadeiro, a maioria das mulheres consegue amamentar por muito tempo, inclusive gêmeos.

O leite materno pode ser o único alimento do bebê até os seis meses. Em condições normais, quanto mais o bebê mama, mais leite a mãe produz. Para facilitar a produção de leite, a sucção do bebê é o estímulo fundamental. Até mães adotivas, avós ou mulheres que pararam de amamentar há muito tempo são capazes de produzir leite quando estimuladas de maneira adequada e com o neném sugando o seio com regularidade.

Quando o nascimento ocorre em boas condições, o bebê poderá mamar logo em seguida. Nos primeiros dias, há o colostro, substância rica em elementos que protegem o recém-nascido contra a maioria das doenças da primeira infância. Parece água e vem em pouca quantidade. É importante mamar o colostro, mesmo que a mulher não vá amamentar por muito tempo. Nessa fase, o bebê não precisa de alimentos, traz reservas que consome durante os três primeiros dias, mas precisa muito da proteção contra doenças que o colostro oferece.

Cerca de três dias após, o leite "desce" e, quase sempre, isso provoca ingurgitamento: os seios incham, ficam doloridos. É preciso retirar o excesso de leite para aliviar o desconforto e aplicar compressas quentes para facilitar sua saída e continuar amamentando.

Além do ingurgitamento, a dor no mamilo é outra queixa comum. Para evitar isto, convém não deixar o bebê mamar durante muito tempo nos primeiros dias e assegurar-se de que ele sugue também a parte escura e não apenas o bico do seio.

Outro problema desagradável são as rachaduras. Para evitá-las, deve-se lavar o seio apenas com algodão umedecido em água previamente fervida (evitando usar sabão) e expô-lo ao sol. O sutiã deve ser bem arejado, jamais com forro plástico, que facilita a proliferação de germes e bactérias. Caso apareçam rachaduras, convém consultar o médico.

As primeiras semanas de amamentação costumam ser as mais difíceis, especialmente para as mães de primeiro filho. Muitas se sentem desajeitadas para segurar o bebê, o bico do seio ainda não está bem formado, a sucção pode não estar adequada, o fluxo de leite é irregular. A volta para casa gera confusão no meio de fraldas, visitas e sono interrompido, juntamente com a recuperação do parto, mais rápida no parto vaginal do que no cesáreo. Nesse processo de ajuste, mãe e bebê acabam descobrindo a posição mais confortável para ambos. Algumas informações úteis: após uma cesariana, apoiar o bebê em um travesseiro no colo da mãe alivia o peso incômodo sobre a cicatriz; um banquinho para apoiar os pés é confortável; segurar o mamilo entre o indicador e o dedo médio puxando o seio suavemente para trás torna mais fácil para o bebê pegar o bico e respirar livremente; colocar o dedo mínimo no canto da boca do bebê o faz abrir a boca sem machucar o mamilo quando ele não o solta espontaneamente; dar os dois seios em cada mamada, para que ambos se esvaziem.

Na amamentação de gêmeos, a busca da posição mais confortável também é muito importante: há mães que preferem amamentar os dois simultaneamente, encaixando um em cada seio; outras preferem amamentar um de cada vez, embora isso às vezes seja angustiante, quando ambos choram de fome ao mesmo tempo. Dar de mamar a um de cada vez também oferece a oportunidade de contato individual, e não como uma dupla permanente.

O tempo de duração da mamada é variável, bem como o intervalo entre elas. Como os adultos, há bebês que comem rápido e outros que preferem saborear a comida bem devagar. Há quem recomende dar de mamar dez minutos em cada seio. É um tempo médio para muitos bebês, mas não para todos. O tempo de cada mamada e o intervalo entre elas precisam ser regulados pelo ritmo da dupla mãe-bebê, e não pelo relógio. É uma questão de sintonia fina.

O leite materno é digerido mais rapidamente do que o de vaca; além disso, nas primeiras semanas, a produção oscila. Por isso, é difícil o recém-nascido amamentado ao seio fazer um intervalo regular de três horas entre as mamadas, nos primeiros dois meses. No retorno ao emprego, após os quatro meses de licença-maternidade, esse intervalo entre as mamadas tenderá a estar mais regular, de modo que é possível conciliar amamentação com trabalho. Para isso, a mãe pode levar uma sacola térmica com gelo e uma mamadeira esterilizada, para retirar o leite na hora em que daria de mamar. Este leite se conserva em geladeira por um dia (ou por três meses no congelador) e o bebê poderá mamá-lo no dia seguinte. Quando a creche fica no local do trabalho ou próxima a ele, a mãe poderá amamentar pessoalmente seu bebê. Apesar disso, alguns já estão desmamados em torno dos quatro meses, e a sala da creche reservada para a amamentação acaba sendo pouco utilizada.

Superadas as dificuldades iniciais, a amamentação é muito prazerosa para a grande maioria das mulheres. Há quem prefira amamentar sentada, há quem se sinta melhor deitada de lado ou reclinada. É como fazer amor, cada par vai encontrando suas preferências... Os palpites atrapalham, perturbam a intimidade entre mãe e bebê. Por isso, muitas mulheres preferem amamentar sem ninguém por perto.

Os seios continuam sendo uma importante zona erógena durante a amamentação. É comum sair leite quando a mulher tem orgasmo ao fazer amor. É a oportunidade de integrar os aspectos de mãe e mulher: o prazer de amamentar não exclui o prazer da sexualidade, pois amamentar faz parte da sensualidade feminina. A maioria das mulheres se sente feliz por ser capaz de produzir, em seu próprio corpo, o alimento do filho. Durante a mamada, o contato pelo olhar, pelo cheiro e pelo toque carinhoso é um alimento afetivo essencial.

A amamentação desperta inveja e ciúme em algumas pessoas, inclusive da própria família. É a única coisa que só a mãe pode fazer pelo filho. São comuns os comentários depreciativos e a pressão para dar a mamadeira. Os argumentos giram em torno do "leite fraco", da demora em obter aumento de peso, do choro de fome antes do intervalo de três horas, da ameaça de ficar com os seios flácidos. O ciúme surge, com frequência, no homem e nos filhos maiores, que se sentem excluídos desses momentos de intimidade entre mãe e filho. Até as babás acham que são mais eficientes quando conseguem engordar os bebês mais depressa e, com a mamadeira, podem se sentir donas da criança, excluindo a mãe. Tudo isso faz com que algumas mulheres se sintam desamparadas para enfrentar as dificuldades que surgem nas primeiras semanas. Por isso, os grupos de apoio para as mães que amamentam são tão importantes.

Tensão e ansiedade podem reduzir a lactação, pois inibem a ocitocina, o hormônio responsável pela liberação do leite. Convém fazer um relaxamento com respiração profunda ou tomar um banho quente antes da mamada. Em torno de um mês após o parto, muitas mulheres percebem uma nítida redução na quantidade de leite durante alguns dias. Isto habitualmente coincide com o reinício da atividade sexual e com o surgimento de outros interesses. Convém dar de mamar com mais frequência durante alguns dias, para aumentar a produção de leite. Infelizmente, por falta de orientação adequada, muitas mulheres pensam que o leite está acabando e introduzem mamadeiras complementares após as mamadas. Muitos bebês percebem a mudança de rotina e começam a recusar o seio, pois o bico da mamadeira requer menos esforço de sucção. Com isso, a produção de leite diminui definitivamente, ocasionando desmame precoce em torno dos dois meses.

É fascinante perceber a evolução do contato do bebê com a mãe no período da amamentação. No início, o contato pelo olhar, a combinação de estímulos de cheiro, calor e aconchego; pouco depois, o bebê começa a sorrir enquanto mama e olha para a mãe, enquanto brinca com as mãos no seio. Após os seis meses, procura o seio sob a roupa quando deseja mamar. É uma grande troca amorosa.

Quando mãe e filho estão bem sintonizados um com o outro, acontece uma evolução semelhante quando o bebê é alimentado com mamadeira, embora o contato não se concentre tão estritamente no corpo materno. Ao seio ou com mamadeira, é importante lembrar que, em cada mamada, não é apenas o leite que nutre, o carinho é indispensável. Nessa intimidade da troca afetiva vão sendo lançadas sementes da capacidade de amar.

O desmame tem início quando se começa a oferecer ao bebê um alimento diferente do original. Quando o bebê mama no seio, já se familiariza desde cedo com sabores e texturas do leite que variam de acordo com o momento da mamada e com os alimentos ingeridos pela mãe. O leite artificial não oferece essa variedade de sabores. Portanto, para o bebê alimentado pela mamadeira, a transição do alimento conhecido para um universo desconhecido é mais acentuada. A disposição da criança para comer depende muito da atitude da família e, nos três primeiros anos, muito pode ser feito para evitar futuros problemas com a alimentação.

Como em muitas épocas da vida, o desmame é uma questão de perdas e ganhos. Ao se desprender do seio ou da mamadeira, a criancinha descortina novos horizontes: passa da sucção para a mastigação, do bico para as mãos e a colher, do receber o alimento na boca para comer sozinha. A família que gosta de ver a criança crescer vai estimular sua autonomia e encorajá-la a experimentar novos sabores; a que gosta de vê-la pequenina terá dificuldades com o desmame e tenderá a estimular a dependência e a passividade. Muitas mães se entristecem com o desmame do filho, sentindo mais a tristeza pela perda da etapa de bebê do que a alegria de ter uma criança maior.

As papas de frutas com cereais são dadas a partir do sexto mês e substituem uma refeição de leite. Também para o bebê amamentado ao seio as papas de frutas, iniciadas no sexto mês, suprimem uma mamada. As papinhas são dadas com colher pequena para o bebê no colo ou reclinado na cadeirinha. O importante é oferecer o alimento novo em um clima agradável e carinhoso para que a criancinha o aceite melhor.

Para alguns bebês, não é fácil a transição do alimento líquido e adocicado (o leite) para o alimento pastoso e salgado (a sopa). Introduz-se a sopa aos seis meses, devendo ser dada com a colher. É conveniente prová-la antes de oferecê-la ao bebê, pois este pode recusá-la simplesmente porque está ruim ou muito quente.

Quando há forte resistência inicial à sopa, pode-se diminuir a diferença entre o doce e o salgado, colocando um pouco de açúcar. Para os bebês amamentados ao seio, a sopa substitui uma mamada. Quando mãe e filho estão muito ligados na amamentação, este início de desmame pode deixá-los tristes. Por isso, alguns bebês aceitam melhor a sopa quando antes mamam um pouco ao seio para, em seguida, tomarem a sopa aninhados no colo da mãe.

A transição seguinte é a do alimento pastoso (aos oito meses) para o sólido (aos dez meses), que necessita da mastigação. É essencial incentivar a mastigação, quando a criancinha já tem condições para isso. Infelizmente, alguns cuidadores (na casa ou na creche) acabam prolongando a oferta de alimentos pastosos porque a criancinha pode ser alimentada de modo mais prático e rápido, embora isto possa trazer prejuízos ao seu desenvolvimento.

Há criancinhas que não querem mastigar, preferindo os alimentos liquidificados. Não faz sentido forçá-las a mastigar a ponto de criar aversão às horas de refeição; por outro lado, é importante estimulá-las com alimentos macios e atraentes (biscoitos, pães, frutas) para, em seguida, apresentar outros alimentos de que elas gostem até surgir o prazer de mastigar, sem correr o risco de cristalizar o hábito de passar tudo pelo liquidificador.

No bebê amamentado ao seio, com a introdução das papas de frutas e da sopa, as mamadas costumam se restringir a duas ou três, pela manhã e à noite. Com isso, a quantidade de leite diminui, mas, na maioria dos casos, é suficiente para que não seja necessário dar outro tipo de leite. Quando mãe e filho não sentem grandes dificuldades com o desmame, este se completa entre um e dois anos. Nessa época, a criança já está andando e começando a falar, ou seja, desprendendo-se gradualmente do corpo da mãe, em seu caminho para a autonomia.

O desmame completo da mamadeira pode ocorrer também nessa época, usando copos para os líquidos. Por volta dos oito meses, muitas criancinhas já conseguem segurar o copo sozinhas, especialmente quando há uma tampa que impede que o líquido se derrame de uma só vez. Portanto, o desmame é um processo importante, carregado de conteúdo emocional: simbolicamente, no decorrer da vida, passamos novamente por essa transição de sentir que completamos um ciclo e precisamos entrar em uma nova etapa.

8. Na hora das refeições

"Minha filha está com quase três anos, a maioria das amiguinhas já come sozinha, mas eu não consigo deixar de dar comida na boca, acho mais prático, embora ela agora não aceite mais isso: fica se remexendo na cadeira, fecha a boca, aí tenho que dar o *tablet* para ela se distrair e comer pelo menos a metade do que está no prato." Mas educar filhos dá trabalho, não tem jeito! A questão é que as crianças normalmente gostam de crescer, ficam felizes quando percebem que estão desenvolvendo novas habilidades. A evolução diante dos alimentos mostra bem isso: desde o leite como alimento dos primeiros meses até o início das experiências sensoriais com a comida, o caminho das descobertas é interessante e "sujinho".

Antes de comer com colher é essencial comer com as mãos, sentir, por exemplo, a textura macia do purê, a firmeza de um pedaço de cenoura, a consistência da carne, o cheiro de tudo isso e o prazer da experimentação, além da alegria de se alimentar por conta própria. Vai fazer sujeira, inevitavelmente: parte da comida cairá no chão, a roupa talvez precisará ser trocada, mas o prazer sensorial completo é parte importante do processo de aprender a se alimentar.

Entre um e dois anos, muitas criancinhas expressam de vários modos sua vontade de comer com as próprias mãos: dão tapas na colher que lhes é oferecida e se aquietam quando elas próprias seguram outra colher e tentam imitar o gesto de levá-la à boca. Nessa época, em que sucção e mastigação se superpõem, gostam de mascar pedaços de pão, biscoitos, banana e de pegar com as próprias mãos alimentos como legumes e ovos cozidos. Às vezes, recusam-se a comer fechando a boca ou viram o rosto quando o alimento é dado e só comem quando lhes é permitido usar as próprias mãos e quando estão na mesa, junto com as pessoas da família. Aprender a comer por conta própria estimula a coordenação motora ao explorar as riquezas sensoriais da comida (sentir a batata amassada nas mãos e esfregá-la no rosto, por exemplo!). Esse não é o melhor momento para ensinar boas maneiras à mesa... Por isso, é recomendável que o banho seja dado depois da aventura das refeições!

A resistência a experimentar coisas novas e, por outro lado, a curiosidade pelo que não conhece são bem visíveis na hora das refeições. Há crianças que, inicialmente, aceitam bem as novidades, especialmente quando apresentadas de modo tranquilo, mas que, no decorrer do tempo, vão reduzindo drasticamente suas preferências: "atualmente, não aceita mais frutas, nem em suco; e os legumes eu tenho que bater junto com o feijão, senão não come; na semana passada, só quis macarrão e ovo; parece que ela percebe meu desespero e aí mesmo é que não come!" E é isso mesmo: as crianças, desde pequenas, adoram ser poderosas. É muito raro pais e avós não ficarem ansiosos quando a criança recusa as refeições: ao perceberem a aflição, começam a construir estratégias de poder para se tornarem o centro das atenções.

Para espanto da família, muitas vezes essa mesma criança come muito bem na escola ou na casa de outros parentes e amigos, onde não precisa renunciar ao prazer de comer para obter o prazer muito maior de dominar os adultos angustiados com sua boca fechada. A sequência de barganhas ("se comer mais duas colheres, ganha um brinquedo novo"), ameaças ("se não comer o que está no prato não vai ver televisão") e súplicas ("mostre que você ama a mamãe comendo mais um pouquinho") torna a hora das refeições um martírio. É preciso desconstruir esse "circo" para que o ato de alimentar-se evolua bem, sem tanta carga emocional.

Outra fonte de angústia para a família é a criança que come demais: desde cedo, isso pode ser um modo de aliviar a ansiedade ou a inquietação. Esse hábito pode ter raízes ainda nos primeiros meses de vida devido a interpretações incorretas do choro do bebê, que sinaliza diferentes necessidades. No entanto, mães e avós ansiosas costumam oferecer alimento quando o bebê chora, facilitando associar a comida ao alívio para muitos tipos de desconforto. Comer é um prazer, mas deve ligar-se à satisfação da fome e não servir como compensação para outros tipos de carência. Caso contrário, estará se formando, desde a mais tenra infância, um forte incentivo para a compulsão de comer, beber ou fumar. Para muitos adultos aprisionados nestas compulsões, a atividade oral continua sendo o meio principal de obter prazer, descarregar tensões, aliviar a angústia e tentar preencher a sensação de vazio.

Os primeiros anos de vida são oportunos para os fundamentos de cuidar bem de nós mesmos. Ao apresentar para a criancinha uma variedade de alimentos que contribuirão para que ela cresça bem, vale refletir sobre os hábitos alimentares da família. Adultos e adolescentes estão comendo muita coisa sem valor nutritivo (refrigerantes, balas, salgadinhos com corantes)? Na época tumultuada do excesso de tarefas que nos impulsionam a fazer refeições rápidas, muitos nem pensam no que comem, não escolhem o que lhes faz bem. Dar de comer a uma criança pequena pode trazer a oportunidade de fazer uma revisão do amor por nós mesmos que também se expressa por nossa atitude de escolher adequadamente nossos alimentos.

9. O sono: área sensível

Comumente, surgem dúvidas quanto ao lugar onde o bebê deve dormir. Nas primeiras semanas, com as mamadas noturnas, muitas pessoas acham prático deixar o bebê no quarto dos pais, em cestinho ou em carrinho. Alguns pais sentem-se mais tranquilos com o neném por perto, certos de poderem acordar assim que ele chorar. Outros, ao contrário, preferem que o bebê fique em seu próprio quarto desde o começo. O mais recomendável é que ele sempre seja colocado para dormir de barriga para cima, para maior segurança.

Não convém que o neném permaneça no quarto dos pais além de dois meses de idade. O quarto do casal é o lugar da privacidade, da intimidade entre homem e mulher, e é importante que isso seja preservado. Além disso, a criancinha percebe as relações sexuais dos pais muito mais cedo do que a maioria das pessoas imagina, e ela não deve presenciar essa intimidade.

No caso da mulher sem companheiro que compartilha a moradia com outras pessoas (da família ou amigos), o mais comum é que o filho fique no quarto com ela, reforçando a noção do filho como companhia para a mãe. A falta de espaço na casa nem sempre permite outro tipo de arranjo. Quando já há outros filhos, é a disponibilidade de espaço e a composição familiar que vão determinar quem dorme com quem. O bebê terá um quarto só para ele se a família acabar com a sala de TV ou com o escritório? Vai repartir o quarto com os irmãos? Ou com a vovó e a titia? O espaço da casa é pequeno, então todos terão que dormir no mesmo cômodo? Independentemente da disposição dos quartos, é importante acostumar a criancinha, desde os primeiros meses, a adormecer na própria cama. O mesmo vale para os gêmeos.

O bebê "mama-e-dorme" é uma exceção com a qual todos os pais sonham. A imensa maioria dá muito trabalho, e uma noite bem dormida só é possível quando há alguém disponível para atender ao bebê que ainda não organizou um ritmo estável e precisa mamar em intervalos irregulares. Apesar dessa irregularidade, durante as 24 horas, o neném passa mais tempo dormindo do que acordado. No final do primeiro ano de vida, a proporção se inverte: as horas de sono diminuem, em especial durante o dia, com o crescente interesse da criancinha pelo que encontra à sua volta.

Na amamentação, a quantidade e a composição do leite materno "feito sob medida" para o bebê passam por ajustes, dependendo das características da sucção e até mesmo do tipo de nascimento (por exemplo, no parto vaginal sem anestesia, o leite "desce" mais cedo do que no parto cesáreo); a cada mamada, o bebê retira quantidades variadas de leite (ou colostro, nos primeiros dias) de cada seio. Portanto, o intervalo de tempo entre uma mamada e outra será irregular nos primeiros tempos: às vezes, desejará mamar de novo dentro de uma hora e meia, outras vezes dormirá três horas seguidas. É importante respeitar essa demanda espontânea para que aconteça a "lei da oferta e da procura": em princípio, quanto mais o bebê mama, mais leite a mãe produz. E o sono, nos primeiros meses, acontecerá em períodos variados a cada 24 horas.

Há crianças que, assim como os adultos, têm necessidade de maior número de horas de sono do que outras. Porém, em média, enquanto o recém-nascido dorme cerca de dezesseis horas por dia, a criancinha entre dois e três anos dorme entre dez e doze horas, incluindo o sono da tarde. Os períodos de sono durante o dia vão diminuindo aos poucos. O mais comum é o que o sono do final da manhã desapareça antes do sono da tarde. Na creche, há um ambiente apropriado para acolher o sono das criancinhas. Aos três anos, muitas dispensam o sono da tarde e, em casa, querem adiar a hora de ir para a cama. Os adultos, cansados após um dia de trabalho, não sabem de onde a criança consegue tirar tanta energia e disposição para emendar uma atividade com outra!

Particularmente difíceis de lidar são as criancinhas hiperativas e dispersivas, que ficam "ciscando" entre uma coisa e outra e não param quietas por um minuto sequer. Para elas, ir para a cama é uma restrição intolerável. Mortas de sono, ficam insuportavelmente irritadiças e chorosas: "Meu filho passa horas lutando contra o sono com unhas e dentes, estamos todos acabados com essa guerra!", lamenta a mãe de um menino de dois anos. Essas crianças guerreiras precisam de uma atitude de firmeza com serenidade e também de um ambiente calmante: luz fraca, música suave e carinho (embora muitas dessas crianças não gostem de ser tocadas, porque o abraço também é sentido como restrição à sua liberdade de movimentos). Ruídos monótonos, como o do ar-condicionado ou do motor de um carro em movimento, podem funcionar como sonífero para algumas criancinhas. Há as que gostam de adormecer sugando uma chupeta ou o polegar: fetos já foram fotografados sugando o polegar, é um modo de se acalmar, descarregar tensões.

Há bebês que trocam a noite pelo dia e permanecem acordados, muitas vezes chorando em consequência das cólicas ou dos dentes que surgem e irritam a gengiva, provocando dor. Quando se consegue aliviá-los em um ambiente tranquilo, tenderão a adormecer. Mas há criancinhas que acordam à noite porque querem companhia e brincadeiras. Nestes casos, é importante não ceder aos seus desejos de brincar de madrugada; em vez disso, tentar mantê-las acordadas por mais tempo durante o dia. De qualquer forma, trocar o dia pela noite é uma situação difícil para muitas famílias: quando os pais não conseguem dormir direito, tendem a ficar irritados e impacientes um com o outro, com os outros filhos e com o próprio bebê, que passa a ser visto como o tormento da casa!

O padrão de sono dos bebês e das crianças pequenas sofre grande influência das turbulências emocionais das relações familiares. Adultos inseguros para lidar com a criancinha podem, por exemplo, ceder à sua insistência de adormecer no colo sendo embalada, em vez de ser colocada no berço e acarinhada, mesmo que chore um pouco.

Esse hábito pode criar um padrão que escraviza os adultos da casa, com a exigência de atenção exclusiva e duradoura: a criancinha se agita, chora sem parar, não dorme e não deixa ninguém dormir, em uma espiral de irritação, impaciência e angústia. Quando já está com mobilidade para sair da cama sozinha, não fica quieta, luta desesperadamente contra o sono e acorda várias vezes durante a noite querendo ir para a cama dos pais, dos irmãos ou de outros adultos da família. Muitas pessoas acabam criando hábitos e rituais complicados para adormecer a criança e depois se queixam por se sentirem escravizadas. Esses hábitos, no início, parecem ser medidas eficazes para colocar o bebê para dormir (por exemplo, ninando-o ao andar de um lado para o outro, dando-lhe palmadinhas nas costas e no bumbum e oferecendo chupeta). O problema é que essas medidas, em vez de serem temporárias e gradualmente eliminadas, tornam-se permanentes, cristalizando-se em hábitos aos quais a criancinha se aferra. As medidas inicialmente facilitadoras tornam-se indispensáveis e complicadas, criando dificuldades: ninar um bebezinho de três meses durante dez minutos é muito diferente do que carregar o peso de uma criancinha de um ano e meio durante uma hora.

É mais difícil desfazer um hábito já cristalizado do que prevenir sua formação, evitando prolongar demais os rituais da hora de dormir. Por esse motivo, convém desde cedo colocar o neném no berço em ambiente tranquilo, com a luz apagada e deixá-lo adormecer por si só. Estabelecer algumas rotinas ajuda a construir uma sensação de previsibilidade e segurança. Por exemplo, a hora de dormir é quando escova os dentes, muda a roupa, escuta uma história ou acompanha uma oração, canta uma música e despede-se dos brinquedos. Isto facilita a autorregulação da criancinha e a transição entre a vigília e o sono. Por isso é importante, um tempo antes da hora de dormir, parar de oferecer brinquedos à criança, desligar a televisão, não a agitar com brincadeiras movimentadas, dar-lhe um banho morno, ajudá-la a acalmar-se e a desligar-se dos interesses que a prendem ao mundo cantando baixinho, colocando uma música suave, fazendo carinho ou uma massagem relaxante. Essa é também a hora de intimidade gostosa entre pais e filhos: a criança gosta de ouvir ou de contar histórias e também de falar das coisas que aconteceram durante o dia, do que a alegrou e também do que a assustou.

Todas essas medidas que funcionam com o bebê e a criança bem pequena, no entanto, não impedem que o panorama mude quando a criancinha entra em outra etapa. Há fases do desenvolvimento em que ela detesta ser colocada para dormir. Nos primeiros anos de vida, as dificuldades para adormecer surgem por vários motivos: a criança está muito ligada em suas atividades exploratórias, descobrindo o mundo que a cerca; o sono interrompe a brincadeira e o convívio e isto significa perder oportunidades interessantes; dormir passa a ser perda de tempo, e a criança, embora caindo de sono, luta para continuar acordada; quando os pais trabalham fora o dia inteiro, a criança tende a dormir mais tarde, para ter um tempo de contato com eles; mesmo tendo companhia para adormecer, a angústia de separação costuma se intensificar na hora de dormir.

Em períodos de maior angústia provocada por sentimentos de solidão e de desamparo, as criancinhas choram desesperadamente e, de fato, necessitam de alguém por perto para acalmá-las com carinho. Essa etapa é passageira e termina quando a criança se convence de que não está sozinha na casa, embora ninguém esteja em seu quarto, ou ela está apenas na companhia de irmãos. A presença de pessoas amadas é importante nesta fase, embora não seja necessário prolongá-la em excesso.

Os pesadelos também fazem com que a criancinha desperte chorando no meio da noite. Quando já consegue sair da cama sozinha, busca aconchego no quarto dos adultos. Os pesadelos surgem a partir de lembranças de situações que a assustaram, após ver cenas de violência ou quando escuta histórias de terror. É importante consolar a criancinha abraçando-a, estimulando-a a falar sobre o pesadelo, ajudando-a a adormecer novamente, em sua própria cama. Algumas passam por episódios de terror noturno, que surge na transição entre o sono mais profundo e o superficial: a criança grita e se agita descontroladamente e nem sempre acorda totalmente, precisando ser contida com calma para que não se machuque; nessa transição, outras crianças choramingam para descarregar tensões residuais que se acumularam durante o dia e espontaneamente passam para a etapa do sono profundo, sem necessitar de atendimento.

Portanto, atender à criancinha que ainda não consegue ter um sono tranquilo é importante desde que não haja excessos, para evitar o risco de eternizar os "passeios noturnos": a porta do quarto dos pais permanece aberta, e a criancinha visita papai e mamãe todas as noites. Estes entram no esquema cansativo de levá-la de volta inúmeras vezes ao quarto ou permitem que ela se instale na cama, onde todos acabam dormindo desconfortavelmente. Há quem aceite instalar um colchão no chão, transformando o quarto em acampamento. Há momentos em que uma lei enérgica, do tipo "cada um na sua cama", é necessária para que se restabeleça o direito de todos dormirem em paz.

Muitas mães trabalhadoras, sentindo-se culpadas por passarem o dia inteiro longe dos filhos, ficam excessivamente solícitas à noite. Se a isso se somam problemas conjugais, a dificuldade de colocar o filho para dormir motiva a mãe a passar horas no quarto de mãos dadas com ele, contando histórias intermináveis, até que o cônjuge adormeça e todos fiquem aliviados. As dificuldades conjugais também podem motivar o hábito de colocar o filho para dormir na cama do casal que, deste modo, consegue evitar a intimidade temida.

Adiar a hora de dormir é penoso para muitas pessoas, exaustas por terem tomado conta da criancinha o dia inteiro ou após um dia estressante de trabalho. Depois que todos chegam, tomam banho e jantam, por que não aproveitar um momento de relaxamento coletivo, brincando com calma ou descansando juntos, numa espécie de "happy hour" familiar?

Ao acordar, pela manhã, muitas criancinhas permanecem tranquilas no berço, brincando com o próprio corpo ou com brinquedos que lá estejam, até que a fome aumenta e começam a chorar ou a gritar pedindo comida. Outras não toleram ficar sozinhas quando acordam e logo gritam até que alguém apareça para atendê-las: querem comer o quanto antes ou dar início às atividades do dia fora das grades do berço. Muitos pais gostam de receber o filho no quarto de manhã cedo, para um ritual de "bom-dia", para ficarem juntos e brincarem um pouco na cama, com aconchego, antes de iniciarem as tarefas diárias.

Celular, computador e outros aparelhos: se, por um lado, permitem flexibilidade de horários no trabalho, ao facilitar que algumas tarefas sejam feitas em casa, trazem o risco de não conseguir interromper o ritmo (ou a pressão) do trabalho. Quantos adultos, assim que entram em casa, mal falam com quem lá está e logo vão cuidar dos compromissos pendentes na agenda do dia? A maioria das crianças protesta contra esse ritmo incessante de trabalho dos pais, chorando, agarrando-se insistentemente a eles, solicitando cinco coisas diferentes ao mesmo tempo, recusando-se a dormir, tumultuando o ambiente. Em muitos casos, uma simples mudança de hábitos familiares (tal como um tempo dedicado à recreação coletiva) propicia um momento de descanso e de contato significativo para todos. É importante lembrar que os adultos também precisam de recreio! Além disso, todos nós precisamos de um sono reparador e, para a criancinha, o sono de boa qualidade é um fator importante para o crescimento saudável.

Entre dois e três anos, a maioria das crianças costuma escolher um brinquedo ou objeto que facilite a transição entre a vigília e o sono: um travesseirinho (que muitas gostam de ficar cheirando ou sugando e protestam dramaticamente quando é lavado), uma fralda, um bicho de pano; outras desenvolvem rituais para adormecer (esfregam a chupeta no nariz, enrolam o cabelo). Para a maioria das crianças, ir para a creche com esse "objeto preferido" é condição indispensável para fazer uma ponte entre os dois ambientes. Sentindo-se mais seguras, ficam mais dispostas para novas explorações e aventuras. Em casa, quando a transição para o sono torna-se mais fácil, esses rituais ou os objetos preferidos tendem a perder importância.

Em síntese: a combinação de firmeza com serenidade é um aspecto importante na formação dos hábitos de dormir. Um horário regular de ir para a cama, o atendimento não exagerado da necessidade de companhia, a redução da agitação e da estimulação típicas do dia, tudo isso poderá ajudar a criancinha a adormecer sem problemas. É essencial também evitar usar a cama como lugar de punição: "Vá para a cama ficar de castigo" como método de restringir comportamentos indesejáveis faz com que a criancinha associe a cama com fatos desagradáveis. É importante ver a cama como um lugar atraente, em que ela poderá descansar, recuperando as energias para o dia seguinte.

10. As "palavrinhas mágicas": o eu e o nós

"Obrigado", "por favor", "com licença", "desculpe", além de "bom dia", "olá", "tchau" são palavras que nunca "saem de moda": revelam o reconhecimento da existência dos outros e o nosso cuidado com os relacionamentos. O bebezinho, descobrindo seu corpo e o mundo por meio de seus órgãos dos sentidos, está inicialmente muito centrado em si mesmo. Pouco a pouco (especialmente a partir de um ano e meio de vida), floresce a capacidade de empatia (quando devidamente estimulada), que possibilita a construção da percepção dos outros como pessoas que sentem necessidades e desejos às vezes diferentes dos seus, e que precisam ser respeitados. A parceria entre a família e a escola ajuda a reforçar essa percepção desde os primeiros anos de vida e a lançar as primeiras sementes dos valores fundamentais do convívio.

O respeito pelos outros é um alicerce poderoso a ser cultivado desde cedo: nas escolas, essa é a melhor prevenção para o *bullying* e outras formas de maus-tratos entre os alunos; em casa, é o fundamento de relações saudáveis que promovem a inteligência de relacionamentos. E, no convívio social, gentileza e delicadeza são fundamentais, embora, infelizmente, presenciemos inúmeras cenas de incivilidade ao andar pelas calçadas, no trânsito, nas lojas e nas reuniões de condomínio... Crescer ignorando a existência dos outros, tratando-os com arrogância, desprezo ou desrespeito nos empobrece como pessoas, mesmo quando pertencemos às classes economicamente mais favorecidas.

Aprender a dizer "obrigado/a" não é mera formalidade: é a semente da gratidão, a capacidade de reconhecer e dar valor ao que recebemos. Muitas pessoas crescem alimentando a impressão de que todos lhes devem alguma coisa: "Mãeee, conta mais uma história!" (depois que ela contou mais de dez); "O professor tinha que me dar a nota máxima nesse trabalho!"; "Por que meu colega foi promovido e eu não?" Por achar que sempre recebem menos do que os outros, sentem-se prejudicadas e com direito a constantes "indenizações" sob a forma de presentes, atenção, privilégios. "Gratidão" e "retribuição" são palavras que não existem no vocabulário das pessoas que só querem receber e acham que nada precisam oferecer.

Ao observar atos de gentileza e boas maneiras entre as outras pessoas, a criancinha poderá reproduzir as "palavrinhas mágicas" por conta própria. Não adianta forçar a criança a cumprimentar ou a dar beijos em outros com muita insistência: principalmente quando entra na fase da oposição, em que deseja afirmar sua individualidade negando-se a fazer o que os outros esperam, essa estratégia produzirá o efeito oposto.

No início da década de 1990, pesquisadores de neurociência descobriram os "neurônios-espelho", a base neurofisiológica da empatia (a capacidade de nos colocarmos no lugar dos outros). Esses neurônios já são atuantes no cérebro das crianças pequenas, e podemos estimular seu potencial cultivando a gentileza e a percepção do outro a partir dos 18 meses de idade: "seu amigo vai ficar contente se você der a ele um biscoito", ou, ao contrário, "seu amigo ficou chateado porque você bateu nele, peça desculpas". Embora a criança pequena ainda se veja como centro do mundo e deseje que tudo gire em torno dos seus desejos, também começa a desenvolver a capacidade de ver que os outros existem com seus próprios desejos e necessidades que precisarão ser levados em consideração. O desenvolvimento da empatia e o respeito pelas diferenças marcam a transição do "eu" para o "nós" e são alicerces fundamentais da capacidade de resolver conflitos de modo justo e equilibrado, percebendo suas próprias necessidades e as dos outros também. E essa competência, tão indispensável para viver em um mundo de diferenças onde tudo e todos estão interconectados, pode começar a ser estimulada desde os primeiros anos de vida, na parceria família-escola.

Antigamente, pensava-se que as crianças pequenas ainda não conseguiam brincar umas com as outras ("brincadeiras paralelas"). Estudos mais refinados utilizando análises computadorizadas de movimentos sutis mostraram que bebês e criancinhas interagem por sinais não verbais que nem sempre podem ser percebidos "a olho nu": pequenos movimentos de pés, de mãos ou de olhar se complementam como se fossem maneiras de "conversar"; uma criança que, por exemplo, está observando pelo canto do olho um colega de creche montando uma torre com blocos de madeira poderá fazer o mesmo em seguida. A etapa seguinte, que envolve compartilhar brinquedos, é um processo mais longo para algumas crianças do que para outras: a percepção do eu e do outro está ligada ao sentimento do "isso é meu", "aquilo é do outro". Inicialmente, "tudo é meu", e a fronteira das propriedades é frequentemente ultrapassada.

Delimitar fronteiras e fortalecer as interconexões entre "eu", "eles" e "nós" são elementos essenciais do desenvolvimento emocional, que inclui a capacidade de perceber com clareza os próprios sentimentos e os dos outros, lidar com as emoções intensas e expressá-las de modo aceitável, desenvolver a empatia, conseguir formar e manter relacionamentos.

11. Brinquedos e brincadeiras

Brincadeira de criança é coisa séria! Brincar é o trabalho da criança, o caminho mais promissor para a aprendizagem, em que ela coloca em teste suas habilidades e novas ideias. Ao brincar, a criança, além de se divertir, expressa o que percebe e sente a partir das experiências do seu cotidiano com a família, com os colegas da escola, com tudo o que acontece em seu mundo. Por meio das brincadeiras, a criança também consegue "digerir" situações que a assustaram.

Uma das primeiras grandes brincadeiras é a descoberta do próprio corpo. Começa com a descoberta das mãos: o bebê mexe com as mãozinhas, olha para elas e, rindo, coloca-as na boca, também como um meio de conhecê-las melhor. Pouco depois, descobre os pés e começa a brincar com pés e mãos. Descobre as mãos e o rosto dos outros, interessado em pegar o nariz, enfiar o dedo nos olhos, puxar os cabelos das pessoas que o pegam no colo. É comum que o neném dê tapas no rosto das pessoas, não como manifestação de agressividade, mas como maneira de explorar e descobrir um novo território, ainda com uma coordenação manual precária. As mãos são pesquisadoras incansáveis de novas texturas: o rosto do papai antes de fazer a barba, uma blusa de seda, um suéter de lã, um objeto de metal.

Essa é uma viagem fascinante: os corpos que brincam, olhos nos olhos, as mãos que se tocam, os sorrisos e os sons. As criancinhas adoram essa brincadeira divertida do contato. Gente grande também. Estão aí as raízes da paixão, da brincadeira amorosa que todos nós buscamos durante toda a vida.

As pessoas que falam com o bebê fazem sons que ele acha engraçado e, ao começar as primeiras vocalizações, "responde" a esse contato com sorrisos e sons. Também se interessa em ver e, assim que consegue um mínimo de coordenação motora, em tocar os objetos coloridos que são apresentados: os móbiles pendurados no berço, bichinhos de borracha que fazem sons quando são apertados, bichos de pano que podem ser abraçados. "Fazer sons" com um chocalho fascina os bebês que começam a entrar no universo musical. Pouco mais tarde, na creche, a "bandinha" proporcionará a iniciação musical em que poderá experimentar diversos instrumentos, começando a cultivar a paixão pela música, tão importante durante toda a vida.

A partir de seis meses de idade, gosta de brincar com as pessoas que aparecem, desaparecem, reaparecem: ri muito e quer a repetição dessa brincadeira que se desdobra, posteriormente, nas variações do jogo de esconde-esconde (debaixo da cama, dentro do armário, atrás de uma cortina...). As criancinhas também se divertem com a brincadeira de "deixa cair": jogam um objeto no chão e pedem que alguém o dê novamente em sua mão para, logo em seguida, jogá-lo de novo ao chão, muitas e muitas vezes.

O significado dessas brincadeiras é profundo: a criancinha elabora a noção de que as pessoas essenciais para ela não estão presentes o tempo inteiro: entram e saem da casa, prestam atenção nela e se ocupam com outros afazeres, tornando a se dedicar a ela em outros momentos. Aparecem, desaparecem, reaparecem. Ou seja, perdemos e recuperamos o que é importante, aprendemos a lidar com a presença e com a ausência, confiando que logo estaremos na companhia das pessoas queridas.

Brincar com os movimentos do corpo também é fonte de prazer: embalar a criancinha para um lado e para outro, encaixar seus pezinhos nos nossos e caminhar, levantá-la e abaixá-la, balançá-la em uma rede ou cadeira de balanço, segurá-la pelos braços e movimentá-la para frente e para trás sentada em nosso colo, mantendo contato pelo olhar, falando com ela ou cantando. Em torno de um ano a criança aprende a bater palmas e a dizer "tchau!"; antes de completar dois anos consegue cantar junto algumas músicas e fazer movimentos de dança; quando chega aos três, esse repertório de músicas, danças, brincadeiras de roda e experimentação com instrumentos musicais já está bem mais elaborado.

Brincar com água é uma festa e remete a memórias arcaicas da vida intrauterina, em que vivíamos imersos no líquido amniótico. O contato do corpo na água, o som quando as mãos batem na água e a espalha em várias direções, acompanhar o movimento dos brinquedos que estão boiando na banheira ou na piscininha de plástico, encher um pequeno balde com água e, em seguida, esvaziá-lo e tornar a enchê-lo repetidas vezes, a sensação de aventura de entrar no mar ou flutuar na piscina com as boias de braço, movimentando o corpo, são brincadeiras muito prazerosas.

Brincadeiras que envolvem o uso de espelhos são muito importantes para o processo da descoberta de si mesmo e dos outros. A princípio, os bebês se espantam quando enxergam "outra mamãe" no espelho; tampouco se reconhecem na imagem refletida e passam a brincar com o "neném do espelho". Pouco a pouco, se reconhecem e ficam fascinados brincando com as imagens, observando os próprios movimentos e fazendo caretas. Essa brincadeira se amplia nos anos seguintes e pode ser mais um canal de estimulação da fantasia criativa, incluindo as experiências de vestir-se, pintar-se, fazer poses e caretas, brincando com diferentes versões de si mesmo em diversas vestimentas, inclusive as dos pais e dos irmãos. Pode-se estimular a imaginação da criancinha organizando um baú com roupas, meias, adereços, chapéus, calçados, para que a criança crie personagens e fantasias.

Entre um e dois anos, os primeiros brinquedos de encaixe despertam muito interesse e ajudam muito o desenvolvimento da atenção, da concentração e da coordenação motora. Quando tenta fazer o encaixe e não consegue, as reações são variáveis: há crianças que continuam tentando com persistência e paciência até conseguirem. Porém, o mais comum é que a criancinha tenha um ataque de raiva, frustrada por não conseguir fazer o que planeja, e jogue o brinquedo longe. Reconhecer que ela ficou chateada por ainda não ter conseguido é importante, juntamente com alguma ajuda para que ela não desista tão rapidamente, mostrando que, com a prática, ela conseguirá. É essencial para todos nós durante toda a vida desenvolver paciência, persistência e confiança de que pouco a pouco ficaremos mais capacitados a fazer o que ainda não conseguimos.

No decorrer da vida, as crianças (e também os adolescentes e os adultos) ganharão muito ao desenvolver a capacidade de tolerar a frustração do não saber e fortalecer a determinação de continuar tentando até sentir que conseguem melhorar seu desempenho. Isso tem uma influência enorme no processo de aprendizagem para ler e escrever, praticar esportes, tocar um instrumento, aprender a falar outros idiomas e inúmeras outras coisas que desejamos fazer na vida. Quando isso não ocorre, surge a tendência a criar argumentos para justificar a rápida desistência: "Ah, não quero continuar na aula de futebol, o professor é muito chato"; "Sou muito instável, não consigo manter meu interesse em coisa alguma por muito tempo"; "Para que vou estudar essa matéria? Não vai ser útil para a minha vida"; "É muito difícil tentar passar em concurso público, não adianta nem tentar..."

O desenho também é uma rica fonte de expressão: papel de vários tamanhos, lápis de cor, canetas coloridas, tinta guache, colagem com papéis de diferentes texturas e cores são materiais indispensáveis. Entre um e dois anos, surgem apenas rabiscos; pouco a pouco vão surgindo as primeiras formas que a imaginação da criança nomeia e, aos poucos, os desenhos ficam mais reconhecíveis e elaborados. A livre expressão da criatividade precisa ser respeitada: peixes podem voar como pássaros, árvores não precisam ter folhas verdes nem tronco marrom, casas podem ter formas inusitadas. Não vale dizer "como as coisas devem ser": afinal, o que aconteceria se Picasso, Dalí ou Galdí ficassem aprisionados aos "modelos certos"?

E, com o desenvolvimento do vocabulário e da imaginação, alguns desenhos passam a ter histórias criadas pela própria criança.

Brinquedos inventados em conjunto com os adultos são fantásticos, estimulam a criatividade e a imaginação: pedaços de pano, tampas de garrafas PET, embalagens de alimentos, sobras de papel e papelão, barbante, cola e muitas outras coisas podem se transformar em bonecos, carros e brinquedos inusitados. Os brinquedos menos interessantes são os muito elaborados, que fazem mil coisas acionando um único comando (carros com controle remoto, bonecos que falam, cantam, dançam): o interesse despertado é momentâneo, depois acaba porque a criancinha fica como mera espectadora das "maravilhas eletrônicas".

Muitas coisas que existem nas casas podem se transformar em brinquedos, quando utilizadas criativamente. Em vez de dar um mundo de brinquedos, por que não permitir que a criancinha explore o mundo como um brinquedo? Utensílios de cozinha, novelos de lã, tubos de plástico, pedaços de madeira e de papelão, caixas vazias de vários tamanhos e uma infinidade de outros objetos são usados para criar brincadeiras e favorecer a aprendizagem, desde que os adultos apenas observem as "pesquisas espontâneas" sem tentar guiar as criancinhas para onde pensam que elas deveriam ir. Só assim poderão observar, ao vivo e a cores, a grandeza da inteligência desses pequenos seres.

Criar e inovar a partir do que já existe estimula a consolidação de características cada vez mais valorizadas no mundo do trabalho, marcado por mudanças rápidas e pelos constantes desafios da competitividade global. As raízes desta capacidade de inventar e reinventar, com propostas inovadoras e quebras de paradigmas, podem ser cultivadas nas brincadeiras dos primeiros anos de vida.

Quando a criancinha é muito presenteada e tem um grande número de brinquedos em seu quarto, pode ficar confusa com tantas escolhas e acabar "ciscando" entre vários, sem conseguir concentrar-se em uma brincadeira relevante. No caso de gêmeos, embora tenham brinquedos compartilhados, também é importante que tenham alguns individualizados, pois terão preferências pessoais. Algumas famílias acham interessante fazer um rodízio de brinquedos: alguns expostos, outros guardados e, nesse circuito, quando os que ficaram guardados por algumas semanas reaparecem, dão margem a novas ideias para brincadeiras.

Há momentos em que as crianças brincam sozinhas: concentram-se para examinar os detalhes de um boneco, ficam entretidas fechando e abrindo portas dos carrinhos ou colocando e tirando peças de um jogo de encaixe. A capacidade de ficar sozinha com sua imaginação para tranquilamente criar brincadeiras é muito importante para a criança. É o primeiro passo para a sensação de estar bem consigo mesma, sem precisar de centenas de estímulos externos. Quantos adultos se apavoram com a solidão, simplesmente porque não aprenderam a gostar de sua própria companhia? Quantos precisam mergulhar em atividades incessantes (de trabalho ou com as "armas de distração em massa") por não conseguirem conviver com seu próprio eu interior?

Meninos e meninas precisam brincar com bonecos: entre dois e três anos, com a expansão da expressão verbal, muitas das experiências vividas no cotidiano da casa e da escola se expressam por meio das brincadeiras em que a criança faz o papel dos adultos que a deixam de castigo, gritam com ela ou lhe dão ordens, enquanto os bonecos representam a própria criança que chora ou desafia. Os enredos das histórias costumam reproduzir, até mesmo com exagero, os diálogos vividos como modo de digerir emocionalmente as experiências impactantes. Se, por exemplo, a criança tem medo de ir ao médico ou ao dentista, provavelmente escolherá um boneco para ser o "paciente" enquanto ela própria será a doutora que aplica a vacina ou o dentista que examina os dentes.

Ao brincar com famílias de bonecos, de casinha e de comidinha, os meninos expressam o que sentem e pensam a respeito da vida em família e brincam de cuidar dos bonecos-filhos. Não seria essa uma boa maneira de criar raízes para a capacidade de cuidar da casa e dos filhos, em vez de pensar preconceituosamente que "isso é coisa de mulher"? Por outro lado, brincar com carrinhos e com bola convida as meninas ao movimento e à ação. Não seria essa uma boa maneira de criar raízes para incentivar uma postura ativa de batalhar pelo que deseja, sem ficar pensando que "isso é coisa de homem"?

Meninas podem brincar de carrinho e meninos podem brincar de boneca, porque tudo isso é brincadeira de gente. Quando as mulheres entraram no mercado de trabalho, deixaram de ser somente cuidadoras para serem também provedoras. Os homens precisam continuar desenvolvendo seu aspecto cuidador, para que homens e mulheres possam exercer ambas as funções com seus filhos.

"Não consigo brincar com meu filho por muito tempo: acabo me desinteressando, acho chato. Mas eu brincava muito quando era criança, agora ele percebe que eu não sei brincar direito e acaba procurando o pai ou os avós que se transformam em crianças iguais a ele." Onde estará escondida a criancinha que habita essa mulher adulta? A maternidade não precisa ser uma sucessão de tarefas, deveres e obrigações, pode ter um aspecto lúdico também. É bom saber que, ao passar para uma nova fase do desenvolvimento pessoal, as fases anteriores não desaparecem, precisam ser integradas dentro de nós. É isso que torna possível nos divertirmos ao sentarmos no chão para brincarmos com crianças ou nos apaixonarmos como adolescentes mesmo quando já estamos em idade avançada. Ao cuidarmos de criancinhas como pais, avós, tios ou educadores, vamos tratar de fazer contato com a criança que nos habita para podermos brincar também, aprofundando nossas ligações com nós mesmos e com as criancinhas que estão sob nossos cuidados!

12. Conquistando o espaço

Aprender a andar é uma conquista fascinante para a criancinha, pois representa um enorme ganho para sua autonomia e liberdade para explorar os ambientes nos quais circula, cheios de estímulos para sua curiosidade. Essa conquista tem início nos primeiros meses, quando consegue firmar a cabeça para alcançar maior espaço visual; depois, senta-se e, com isso, tem outra perspectiva do mundo; na sequência, engatinha, dando início à locomoção autônoma para, em seguida, firmar-se nos pés usando as mãos para se equilibrar; e, finalmente, consegue dar os primeiros passos ainda vacilantes segurando a mão de um adulto para, pouco depois, libertar-se desses apoios e andar com os próprios pés. À medida que conquista o equilíbrio do corpo no espaço (sentar, engatinhar, andar), adquire novas perspectivas de observação do seu mundo, enriquecendo suas experiências e aventuras com muito entusiasmo e autoconfiança.

Nos primeiros três meses, o bebê tem pouca movimentação autônoma e, portanto, depende da estimulação ambiental: são as pessoas que mudam o bebê de posição, o sustentam verticalmente no colo, passeiam com ele pelas calçadas ou em diferentes ambientes da casa para que se distraia vendo coisas distintas.

Entre dois e três meses, a maioria dos bebês já levanta a cabeça e a sustenta com firmeza. Com isso, começa a procurar mais ativamente a própria estimulação, pois consegue olhar em volta e ver objetos e pessoas de outros ângulos. Em casa ou na rua, é mais interessante colocá-lo reclinado na cadeirinha apropriada ou no carregador de bebês, junto ao corpo da mãe ou do pai. É bem melhor do que permanecer o tempo inteiro no berço ou passear na rua deitado no carrinho, o que restringe muito o campo visual.

Em torno dos sete meses, muitos bebês conseguem sentar com firmeza. É um passo evolutivo importante, pois a criança continua sedimentando confiança em suas novas capacidades. As mãozinhas ficam livres para explorar novos ângulos de brinquedos, objetos e partes do próprio corpo. Pouco tempo após sentar-se com firmeza, o bebê tenta engatinhar. Alguns pais se preocupam vendo o filho se arrastar pelo chão da casa, em contato com poeira e sujeira, quando, até então, ferviam até mesmo a água do banho. Porém, nessa altura, já não é necessário esterilizar mais nada. O padrão de limpeza indispensável para as pessoas da casa é suficiente a partir do segundo semestre da vida. A etapa do engatinhar não deve ser restringida, pois é uma preparação para andar. Poucos bebês espontaneamente pulam essa etapa, passando do sentar diretamente para ficar de pé e andar. Não há problema quando isso for, de fato, uma peculiaridade do desenvolvimento motor da criança.

No caso de gêmeos, há diferenças individuais no desenvolvimento motor, de modo que um pode começar a andar mais cedo do que o outro. Mas, de qualquer forma, esta etapa sobrecarrega as pessoas da família: encantados com a possibilidade de explorar o ambiente com as próprias pernas e descobrir uma infinidade de coisas para mexer, muitas vezes cada um vai para um lado da casa! Começar a andar dá ao bebê uma alegre sensação de poder e de conquista de novos horizontes. Porém, por medo de que se machuque ou por achar mais prático fazer a vigilância, há pais e avós que restringem a área livre colocando o bebê no cercado. Alguns brincam por algum tempo e depois choram querendo sair; outros lá permanecem passivamente por um longo período. Muitos ficam irritados quando se sentem presos, sem a liberdade de explorar o ambiente e exercitar sua nova capacidade de locomoção.

O cercado é feito para a comodidade da família, não do bebê. Nos momentos em que não há alguém disponível para tomar conta da criancinha solta pela casa inteira, pode-se fechar a porta do cômodo onde alguém está, pois a área de movimento livre é bem maior do que no cercado. Há famílias que preferem adaptar um dos cômodos da casa tornando-o "à prova de crianças": deste modo, podem brincar e explorar o ambiente com segurança, o que é particularmente importante no caso de gêmeos.

A etapa seguinte é ficar de pé segurando-se nos móveis e nas mãos das pessoas. É visível a alegria que as criancinhas sentem quando entram nessa fase em que descobrem novos poderes: a energia e a persistência no treino da nova capacidade são inesgotáveis. Nessa época, é comum ela se irritar com qualquer restrição às suas experiências. Até deitar-se para trocar fraldas é insuportável para algumas. Felizmente, nessa etapa, não é tão complicado trocar fraldas com a criança em pé!

Logo começam os primeiros passos, sustentados pelos móveis, pelas mãos das pessoas ou pelo andador. Nessa fase, convém que a criancinha fique descalça ou com um calçado bem flexível para que possa usar os dedos dos pés como apoio. O andar aumenta muito a independência e as possibilidades de explorar o ambiente. De uma semana para outra, os progressos são visíveis.

A estimulação que a criança recebe da família é muito importante: encorajar a criancinha a andar pelo espaço entre dois adultos que lhe estendem os braços a ajuda a correr riscos em um contexto protetor nessa etapa dos primeiros passos ainda vacilantes. Andar é um marco fundamental da passagem de bebezinho dependente para a criança que se movimenta por conta própria. É o começo da capacidade de sobreviver com os próprios recursos. Pouco depois, conseguirá subir, descer e, com isso, aprender com o corpo as noções de alto e baixo, perceber ângulos diferentes do ambiente em que se encontra e situar seu corpo no espaço.

A faixa de normalidade no desenvolvimento motor, como nas demais áreas, é ampla: há criancinhas que com oito meses já estão andando; outras dão os primeiros passos com pouco mais de um ano. Há pais que se angustiam quando o filho demora a andar ou a falar, em especial quando o comparam com outras crianças. No entanto, cada criança tem seu próprio ritmo de crescimento. Basta esperar e estimular adequadamente. Só é preciso tomar providências quando sair muito fora da faixa.

Características diferentes influem nesse processo: quando predomina o desejo de crescimento, a coragem e a ousadia, a criancinha não se intimida com os tombos inevitáveis, levanta e insiste em continuar andando, mesmo que logo em seguida caia novamente. Outras ficam assustadas e demoram algum tempo para criar coragem e tentar de novo. Assim como no desenvolvimento da fala, no andar há as que se arriscam cedo, enquanto outras preferem só exercitar essas habilidades quando se sentem mais seguras e preparadas.

Tempos mais tarde, a mesma tendência poderá surgir ao aprender a andar de bicicleta ou de patins. Há crianças que oscilam muito entre o desejo de crescer e o de continuar neném: apesar de andarem bem, preferem ser carregadas ao colo; apesar de conseguirem pedalar, preferem que alguém empurre o velocípede. Essas crianças precisam ser mais estimuladas a crescer, num ambiente de carinho e encorajamento, para não desistirem da empreitada e até solidificarem a confiança de que conseguirão se firmar por conta própria.

Essas diferentes tendências também estão presentes nos adultos: há os arrojados, ousados, criativos e até mesmo impulsivos, que não medem riscos nem consequências ao se lançarem em novos empreendimentos; há os que tentam encontrar um equilíbrio entre a coragem e a cautela, pesando os prós e os contras das situações que se apresentam para, em seguida, escolher o caminho que julgam ser o melhor; há os inseguros e acomodados, que temem qualquer tipo de mudança, mesmo quando estão profundamente insatisfeitos com seu trabalho ou com seu relacionamento amoroso; e há os que jamais conseguem andar pela vida com autonomia, sempre dependendo de alguém que tome as providências práticas e cuide do seu bem-estar.

Independentemente dessas características pessoais, no decorrer da vida de todos nós haverá muitos "primeiros passos": a entrada na creche, o primeiro amor, iniciar um curso técnico ou entrar para a universidade, o primeiro emprego, a vida conjugal, a maternidade e a paternidade. Quando estamos acompanhando essa etapa de desenvolvimento da criancinha, temos a oportunidade de refletir como nos situamos nesses diferentes "primeiros passos" da nossa vida: encaramos o desafio? Tratamos de aprimorar nossas competências para dar conta das novas tarefas e responsabilidades? Tendemos a nos retrair e até mesmo evitar passar pelas mudanças, preferindo ficar na "zona de conforto", em vez de tentar dar um salto de qualidade? Cultivamos pensamentos catastróficos, achando que tudo vai dar errado e que, portanto, é melhor nem tentar?

No mundo em rápida mutação e com retração econômica em muitos países, o que afeta enormemente o mercado de trabalho, é absolutamente indispensável desenvolver a capacidade de caminhar em terrenos diversos e, muitas vezes, em circunstâncias adversas. As raízes desta capacidade se encontram nessas primeiras tentativas de andar sozinho.

Pais e avós superprotetores se angustiam nessa etapa dos primeiros passos: sofrem a cada tombo da criancinha, com dificuldade de aceitar que cair faz parte da aprendizagem; oferecem apoio demais, inibindo a autonomia. Por outro lado, é necessário ver o que precisa ser adaptado na casa para evitar acidentes tão comuns nessa faixa etária: em questão de segundos, a criança que já consegue andar rápido e com firmeza faz coisas que a colocam em perigo antes que alguém consiga impedi-la. Portanto, convém providenciar protetores de tomadas, cuidar para que as panelas estejam sempre com os cabos para a parte de dentro do fogão, guardar produtos de limpeza e remédios fora do alcance das mãozinhas, instalar telas de proteção nas janelas e outros itens que garantam maior segurança.

É interessante tirar do alcance coisas perigosas e substituí-las por outras novas que oferecem oportunidades para explorar. Por exemplo, na cozinha, pode-se facilitar o acesso a vasilhas de plástico, panelas, colheres e outros utensílios com os quais a criança possa brincar de descobrir sons, colocar e tirar objetos, entre outras coisas divertidas. Com o desenvolvimento da locomoção, é possível cultivar as primeiras sementes da cooperação: pedir para carregar algo da mesa para a cozinha, guardar os brinquedos espalhados, pegar o controle remoto para o papai que está no sofá.

Mesmo com a devida atenção, cuidados e proteção, os tombos são inevitáveis. A maioria deles não tem grandes consequências, além do susto. Basta aconchegar a criancinha para acalmá-la e deixá-la chorar o quanto for preciso. Muitas pessoas se inquietam com o choro da criancinha nessas ocasiões e logo dizem coisas do tipo "Já passou", "pare de chorar!". No entanto, o choro, além da expressão da dor, do susto e do desamparo, é uma descarga da tensão provocada pelo tombo. Nos primeiros anos de vida, quase todas as crianças se sentem reconfortadas e logo param de chorar quando são aninhadas com carinho no colo ou depois que se sentem devidamente socorridas e estimuladas a tentar de novo.

Nos diferentes cenários da vida, também tropeçamos e levamos tombos: sonhos que não se realizam, projetos que estavam dando certo e acabam fracassando, traições e desilusões por parte de pessoas de nossa confiança, desemprego, perdas dolorosas. É importante cultivar a fé na possibilidade de superar as adversidades e contar com pessoas que possam nos confortar e nos encorajar em momentos difíceis. Mas, acima de tudo, é essencial desenvolver a mente criativa para providenciar meios de sair de situações difíceis, abrir outras portas quando aquela se fechou, reconstruir projetos e juntar as forças para se erguer e voltar a caminhar. É sempre preciso aprender e reaprender a andar com as próprias pernas. Podemos ajudar as criancinhas a começar a cultivar essas sementes ainda nos primeiros anos de vida.

13. Tirando as fraldas

Nos primeiros meses, não há dúvida: bebê tem mesmo que usar fraldas, e é aquela canseira trocá-lo várias vezes por dia! Trocar as fraldas com frequência, limpar e secar o bumbum, fazendo a higiene adequada dos genitais evita assaduras, irritações da pele e outros problemas. Além de "limpar a sujeira", a troca de fraldas propicia oportunidades de interação com o bebê: tocar, olhar e brincar com ele, tão essenciais para a construção do vínculo. A questão é: quando começar a tirar as fraldas para ensinar a criancinha a fazer xixi e cocô no lugar certo?

Antigamente, muitas criancinhas eram colocadas no penico para "aprender a fazer xixi e cocô no lugar certo" antes de completar um ano de idade! Posteriormente, chegou-se à conclusão de que essa prática é contraindicada: é preciso esperar a maturação do controle dos esfíncteres para iniciar o chamado "treinamento higiênico". E isso tem início em torno de dois anos de idade. Perceber o aviso de que o cocô ou o xixi estão querendo sair, dirigir-se ao banheiro a tempo e fazer no lugar certo é uma tarefa complexa de sinalização e coordenação de ações.

Como reconhecer os sinais de prontidão para começar o treinamento do controle esfincteriano? Uma das motivações mais poderosas é o desejo de agradar os adultos: assim como gosta de apresentar um rabisco e receber elogios, também aprecia a aprovação de mostrar o penico com o "cocô bonito". O ímpeto de fazer coisas por conta própria também motiva a criancinha a dar mais esse passo em direção à capacidade de cuidar de si mesma e de suas funções fisiológicas. Demonstrar desconforto com a fralda suja ou molhada é outro fator que facilita o uso do penico ou da privada. Quando ela aponta para a privada ou para o penico e fala "xixi" ou "cocô", mostra que percebe o lugar em que os excrementos devem ser depositados. Quanto ao desenvolvimento motor, a criança está pronta para o controle esfincteriano quando já anda com desenvoltura e tem uma boa coordenação de seus movimentos.

É preciso, acima de tudo, ter paciência com o processo, pois a criança acabará preferindo ficar seca e limpa (embora haja homens adultos que urinam na rua e nem se incomodam!). Convém apresentar o penico de modo agradável, convidando a criancinha a sentar nele enquanto está entretida com algum brinquedo ou ouvindo histórias. Quando estiver usando-o regularmente, tire as fraldas da criança com o penico por perto. Não é fácil coordenar o tempo entre perceber que está com vontade de ir ao banheiro e chegar até lá; muitos "vazamentos" acontecerão no caminho!

Se tiver um horário previsível de fazer cocô, é possível estimulá-la a sentar no penico (não por muito tempo, para evitar que ela sinta isso como um castigo), enquanto alguém brinca, conversa com ela ou conta uma história. Depois, poderá ser conduzida ao banheiro para fazer xixi em intervalos regulares. Para desenvolver a percepção desses processos corporais, é útil associar palavras com o que está acontecendo. Por exemplo: "Você agora está fazendo xixi, está com a calcinha molhada e quentinha".

No entanto, mesmo com esse manejo delicado e gentil, a criancinha passará um bom tempo sem ser capaz de sinalizar sua necessidade ou, então, anunciando o cocô e o xixi depois de ter feito na fralda. Há criancinhas que aprendem a reconhecer os sinais de aviso com mais rapidez do que outras. Há ocasiões em que, concentrada em uma brincadeira ou absorvida por um programa de TV, não prestará atenção ao aviso e não terá tempo de chegar ao banheiro. No entanto, a consolidação do treinamento não se restringe apenas à maturação dos esfíncteres ou da capacidade de reconhecer o aviso a tempo. Do ponto de vista da criancinha, o seu corpo é uma fábrica de produtos interessantes e valiosos: fezes, urinas, secreção do nariz, flatulências. Ela fica fascinada com essas produções e só gradualmente aprende que são excrementos e não brinquedos ou coisas para serem guardadas ou mostradas em público.

A retirada das fraldas noturnas é uma etapa posterior que só deve ser iniciada quando a criancinha deixa consistentemente de molhar as fraldas no sono da tarde. O controle noturno das fezes é mais fácil, o da urina pode durar alguns anos. De dia, a maioria das crianças controla completamente a urina em torno de três anos. À noite o controle é mais difícil: é preciso aprender a perceber os sinais da bexiga cheia e conseguir acordar para não fazer xixi na cama. Pode-se começar estimulando a criancinha a urinar antes de dormir e logo ao acordar. Se perceber que costuma fazer xixi em torno da hora em que os adultos vão dormir, convém acordar a criança para urinar nesse momento, em vez de levá-la ao banheiro quando está totalmente adormecida. E também reduzir a ingestão de líquidos algumas horas antes de dormir. A aprendizagem do controle noturno pode demorar até cinco anos; se persistir após essa época, passa a ser enurese noturna e precisa de tratamento especializado. Mas, dentro do tempo considerado normal para esse processo, não convém apressar, pressionar ou criticar a criança quando há "falhas".

Convém enfatizar que aprender a controlar os esfíncteres é um processo de altos e baixos: consegue por alguns dias, depois passa algum tempo fazendo xixi na calça ou na cama. Quando acontecem mudanças expressivas na vida da família (nascimento de um irmão, perda de pessoas às quais a criança está ligada, por exemplo) é normal o surgimento de comportamentos regressivos durante algum tempo, até adaptar-se à nova situação. A criança ansiosa ou amedrontada também urina na cama com mais frequência.

Esse processo torna-se complexo também por causa do significado emocional dos excrementos. Fezes e urina são produzidas por nosso corpo, culturalmente são consideradas "sujas" e precisam ser "jogadas fora". Mas para a criancinha, o xixi e o cocô atraem sua curiosidade, são produtos interessantes que saem do seu corpo: muitas tentam brincar com as próprias fezes como se fossem massinhas de modelar e resistem à ideia de jogá-las no vaso sanitário para vê-las desaparecer. Quando está com raiva, seus excrementos tornam-se armas de combate: "Você é muito chata, vou fazer cocô na sua cabeça!"; quando se enternece, o cocô torna-se um presente: "Vou fazer um cocô bem bonito pra você!" Com esses significados emocionais intensos, é compreensível que para muitas criancinhas seja difícil separar-se dessas "riquezas".

Muitas experiências emocionais são expressas e digeridas por meio da brincadeira e, por isso, os "substitutos aceitáveis" do cocô e do xixi são úteis: as criancinhas adoram brincar com água, areia, tintas, argila e massa de modelar. A brincadeira de encher e esvaziar tem paralelo com a percepção das funções de orifícios do próprio corpo. Além do valor simbólico, brincar com massinha e argila estimula a criatividade, dando à criancinha o poder de transformar uma coisa em outra: a massinha pode ser enrolada, esticada, virar cobra, bola, bolo e uma infinidade de outras coisas. São as sementes da capacidade de criar e recriar nossas próprias experiências de vida.

Portanto, as crianças aproveitam com alegria as "sujeiras permitidas" como, por exemplo, espalhar tinta em revestimentos laváveis da cozinha, do chão ou de uma parede do quarto. Os limites claros, coerentes e consistentes são indispensáveis para delimitar os espaços em que é possível brincar assim e os demais em que isso não é permitido ("Não pode jogar água no chão da sala, mas podemos encher a pia do banheiro para você brincar lá").

Há casos em que a criança descobre que prender o cocô é um poderoso instrumento de controle da família, principalmente quando as interações se estruturam em torno de exigências, controle e vigilância, com muita ansiedade. Está formado o cenário para "a guerra do cocô e do xixi", assim como se forma o cenário da "guerra da comida", quando o excesso de ansiedade da família entra em ação. Quando se cria o clima de guerra entre a criancinha e os adultos da família, o prazer deixa de ser a base da formação dos hábitos: o prazer de comer, de defecar, de tomar banho, de dormir fica deturpado pela necessidade (e pelo prazer) de desafiar, infernizar, competir, medir forças, agredir, atacar. Deliberadamente, a criança faz xixi no chão como desafio e provocação quando se sente perseguida pelos adultos que querem pegá-la à força, esconde-se atrás das portas ou das cortinas para fazer cocô nas calças.

A criancinha consegue fechar o esfíncter anal com tamanha eficiência que é capaz de impedir a saída do cocô por vários dias, deixando todos preocupados até o ponto de recorrer a medidas tais como dar laxantes e aplicar supositórios. Do ponto de vista da criança, esses recursos são torpedos que bombardeiam o interior do seu corpo, provocando cólicas e a impossibilidade de controlar a saída do cocô, deixando-a enraivecida e angustiada.

O medo da dor também é um fator poderoso nos problemas do treinamento dos esfíncteres. Quando um bebê tem tendência à prisão de ventre, a saída das fezes endurecidas provoca dor e desconforto. Quando essa sensação desagradável ocorre com frequência, a tendência natural é contrair a musculatura ao redor do ânus, estreitando ainda mais a passagem. Forma-se aí a base da "guerra entre o cocô e a porta do bumbum". Mudanças dos hábitos alimentares são medidas importantes para facilitar a formação de fezes pastosas que não provoquem dor ao sair.

Caso contrário, a criancinha poderá sentir medo crônico de defecar, o que vai motivá-la a reter as fezes. Isso agrava o problema, pois as fezes retidas durante vários dias aumentarão de volume, o que assusta ainda mais a criancinha, motivando novas tentativas de lutar contra a saída do cocô, contorcendo-se, chorando e "fechando a porta do bumbum", assim que começa a sair um pedacinho de cocô. Acaba passando dias apenas borrando as calças, soltando pequenas bolinhas e nada mais. Entre dois e três anos, a criancinha já tem condições de entender a história da "guerra entre o cocô e a porta do bumbum" e de cooperar no sentido de comer alimentos que facilitem a formação de "cocô macio". Pode também fazer uso de um laxante suave para sentir a "porta do bumbum" abrindo e fechando e, aos poucos, superar o medo de defecar.

Outra fonte importante de medo é o de ficar vazio se deixar o cocô sair. Nesses casos, o cocô é sentido como "cheirosinho" e "gostosinho" e perder o cocô querido é uma tristeza! A criancinha faz cocô na calça e não avisa ou resiste quando chega alguém para limpá-la e jogar o cocô fora, como se estivesse perdendo um objeto querido. Em geral, é o tipo de criança que desenvolve um apego enorme por tudo que tem, recusa-se a abrir mão até dos brinquedos quebrados e não quer perder nem o cocô. É importante reconhecer esses sentimentos e mostrar, com paciência amorosa, que a comida entra e ajuda a fabricar o cocô e o xixi, que precisam sair para dar lugar ao "cocô novinho".

O próprio vaso sanitário assusta algumas criancinhas, com sua descarga barulhenta que faz tudo desaparecer. Há as que se divertem jogando o cocô do penico na privada e gostam de dizer "tchau, cocô" até vê-lo desaparecer; outras se angustiam com isso e se recusam a sentar no vaso, por medo de caírem lá dentro e serem engolidas pela descarga. O penico, nesses casos, é menos ameaçador.

Dos primeiros anos de vida até a idade adulta, o significado emocional dos excrementos desdobra-se de várias maneiras, girando em torno do eixo retenção-desprendimento. Há crianças que crescem extremamente apegadas a tudo que lhes pertence:

não conseguem doar brinquedos nem roupas que já não usam; adultos que também não se desprendem de seus pertences porque "podem precisar, um dia"; ou são extremamente aferrados ao dinheiro, por medo de ficarem pobres (vazios, como algumas criancinhas se sentem depois da saída do cocô). Porém, assim como nosso corpo funciona melhor quando há uma circulação equilibrada entre o que entra e o que sai, nossa vida também pode funcionar melhor com o desenvolvimento da generosidade, do desprendimento, do ciclo obtenção-doação, do dar e receber que caracterizam as trocas de ideias, de cuidados recíprocos de todo um grande circuito que compõe a teia da vida.

14. Os primórdios da sexualidade

Quando pensamos em erotismo, em sensualidade e em sexualidade adulta, dificilmente imaginamos que as raízes do prazer começam a se desenvolver no próprio ambiente intrauterino. Além da excitação sexual e do orgasmo, há outros componentes do prazer, do carinho e da intimidade que circulam na vasta gama de afetos da relação amorosa entre adultos. Muitos desses componentes existem também nas relações afetivas não erotizadas: entre amigos, irmãos, pais e filhos. É o lado gostoso do carinho, da entrega, da confiança, da cumplicidade. Isso se expressa não só por palavras, mas também por gestos, atitudes e outros modos de revelar a emoção: o sorriso, o olhar, o toque, o beijo, o abraço.

Por maior que seja o possível desconforto no final da gravidez, acredita-se que o feto vivencie momentos muito agradáveis no útero materno, ambiente em que suas necessidades básicas de alimento, oxigênio e temperatura regular são automaticamente satisfeitas. A sensação de flutuar no líquido amniótico é a raiz das experiências prazerosas de brincar na água: as crianças adoram rodar, flutuar, serem transportadas de um lado para outro na água; muitos casais também gostam do prazer erótico de fazer amor na água morna, sentindo a textura da pele molhada e os movimentos flutuantes dos corpos.

Os sons do amor são também parte integrante do erotismo, da sensualidade, do prazer. São palavras e sons não verbais, guturais, primitivos. Suas raízes também estão lá, nos primórdios da vida, intimamente ligadas ao ato de brincar com o neném. Há adultos que inibem este aspecto lúdico da sexualidade por acharem que é muito "primitivo": por medo e vergonha, inibem a espontaneidade de brincar com o corpo do outro, de explorar seus recantos. É muito importante que os adultos descubram que cuidar do bebê não precisa ser sentido como tarefa ou sobrecarga. Desta forma, podem entrar no terreno do encantamento, da brincadeira, do riso, da leveza no contato com o bebê. Se conseguirem aplicar isso em suas relações amorosas, poderão manter (ou redescobrir) o prazer alegre e leve da comunhão, mesmo em meio às tarefas e ao cansaço de alguns momentos do cotidiano doméstico.

Para a dupla mãe-bebê, o cheiro é um forte componente do vínculo amoroso. Os recém-nascidos, com poucos dias de vida, são capazes de distinguir o cheiro da mãe, em comparação com o de outras pessoas. Com poucas semanas, o bebê já é capaz de reconhecer a voz e o cheiro do pai. Portanto, o contato de cheiro e de pele é muito importante desde essa época. Sentir o cheiro do neném ou de suas roupinhas antes mesmo de pegá-lo ao colo pode ser estímulo suficiente para a liberação do leite, na mãe que está amamentando. Também no aspecto hormonal, a maternidade é parte integrante do desenvolvimento da mulher: a ocitocina é o principal hormônio responsável pelas contrações do trabalho de parto, pela liberação do leite e pelo orgasmo.

Nos adultos, a atração pelo cheiro é outro tópico fundamental da relação amorosa. Gostar do cheiro da pessoa amada, excitar-se com esse perfume natural, deliciar-se com a combinação do cheiro dos dois corpos é um componente forte do envolvimento e do prazer. Essa química é tão impressionante que muitas pessoas percebem o desaparecimento ou a transformação desse "cheiro do amor" quando o relacionamento está mal ou prestes a terminar.

O calor transmitido pelo contato entre os corpos é outro elemento interessante na tradução do "calor afetivo". Na relação amorosa criativa, o atendimento recíproco às necessidades de um e de outro muitas vezes se expressa por toques de pressão sobre a pele. Não só o abraço apertado, mas também as massagens que podemos pedir ou oferecer ao parceiro quando sentimos cansaço, tensão ou dor: são toques reconfortantes que mostram carinho, solidariedade, atenção. Ombros, pescoço, pés, mãos, ventre são as regiões em que comumente esses toques carinhosos são mais necessários. É bom quando essa possibilidade começa a existir desde os primeiros anos: bebês e criancinhas também gostam de receber massagens suaves nos pés, pernas, braços, ventre. Tensões, cólicas e outros desconfortos podem ser aliviados dessa forma.

Portanto, o prazer sensorial que está presente desde antes do nascimento forma, naturalmente, os alicerces da sensualidade e do erotismo que florescerão mais tarde. O bebê gosta de ser olhado, acariciado; gosta que falem com ele, que o embalem. A boca, desde o início da vida, é uma zona erógena, a sucção é uma fonte de prazer e de descarga de tensões e não somente a primeira maneira de se alimentar, antes do surgimento dos dentes que permitirão a mastigação. O bebê que "suga o ar" nem sempre está pedindo alimento, mas apenas descarregando tensões; chupar o dedo ou a chupeta exerce a mesma função, inclusive como ritual para adormecer ou se acalmar. No decorrer da vida, a boca continua sendo foco de prazer, para comer, beijar e se comunicar. Ou também como descarga de ansiedade, como os fumantes e os que comem compulsivamente admitem.

Em torno do segundo ano de vida, as fezes chamam a atenção da criancinha que passa a sentir o ânus como outra zona prazerosa, além da boca. Ao mesmo tempo, a curiosidade de explorar o próprio corpo e o dos outros começa a despontar e a se intensificar a partir dos três anos. Os meninos descobrem desde cedo o prazer de manipular o próprio pênis, as meninas percebem que sentem sensações agradáveis ao tocar o clitóris ou ao friccioná-lo no braço do sofá. São as primeiras expressões da masturbação infantil, que só deixa de ser normal quando praticada compulsivamente, várias vezes por dia. Nesses casos, sinaliza estados de angústia que tenta se descarregar dessa forma (assim como há adultos que utilizam o sexo como modo de aliviar tensões). A masturbação compulsiva às vezes é um possível indício de que a criancinha sofreu algum tipo de abuso sexual, um problema sério, infelizmente mais comum do que se imagina, que ocorre em todas as classes sociais; na maioria das vezes, é praticado por pessoas da família ou que têm contato frequente com a criança. O abuso sexual ocorre quando crianças maiores, jovens ou adultos estimulam de modo indevido a sexualidade da criancinha para obtenção perversa de prazer. Há também os casos de abuso em que babás ou outras pessoas da família estimulam os genitais da criancinha para acalmá-la, distraí-la ou fazê-la adormecer mais depressa.

A curiosidade pelo corpo dos outros costuma se acentuar a partir dos três anos: se os pais tomam banho junto com a criança ou andam nus pela casa, comumente a criança quer brincar com o pênis do pai e logo percebe a diferença entre os sexos: "por que o pinto do papai é grande e o meu é pequeno?"; "Minha irmãzinha não tem pinto, ainda vai crescer?" são as primeiras perguntas que surgem a esperar por explicações de que o pênis do papai é maior, assim como as mãos, os pés, as pernas, e que tudo no corpo da criancinha crescerá também.

As mininhas costumam desejar ter o pênis que os meninos possuem e até perguntam quando o terão também; alguns menininhos colocam bonecas para mamar no peito e preocupam-se com a possibilidade de perder o pênis, imaginando que no corpo das meninas falta algo. O essencial é esclarecer que o pênis aparece para fora e pode ser visto, e que a vagina é um buraquinho que vai para dentro do corpo e, por isso, não pode ser vista. É a primeira explicação sobre a diferença dos genitais. Depois, surgirão dúzias de perguntas que precisarão ser respondidas da maneira devida, uma vez que a busca de informações sobre a sexualidade é um processo longo que se desdobra pouco a pouco no decorrer da infância e da adolescência.

Ao pesquisar as diferenças anatômicas, surgem as observações de que a nudez é restrita, o corpo nu não pode ser mostrado em todos os contextos. Nem os próprios genitais podem ser manipulados em público: a masturbação acontece na privacidade. Começa a diferenciação com relação às partes do nosso corpo que precisam ser protegidas: nem expostas nem tocadas pela maioria das pessoas (a não ser as que cuidam diretamente da higiene da criança).

A etapa seguinte é a curiosidade com relação ao nascimento dos bebês: ver a própria mãe ou outras mulheres grávidas, lidar com a informação de que há um neném crescendo lá dentro. Como entrou? Como vai sair? O conhecimento circula até mesmo entre as crianças pequenas, não dá mais para inventar histórias de cegonhas que trazem os bebês! É sempre útil perguntar à criança o que ela imagina, não só para ter ideia do que ela já sabe (e os adultos nem sabiam que ela sabia) como também para conhecer suas fantasias a respeito ("ela comeu demais e por isso a barriga cresceu?"). A partir daí, é possível transmitir os conhecimentos básicos sobre a formação da vida levando em conta o nível de entendimento da criança.

Para a criancinha, ver os pais e os irmãos nus, tomando banho, trocando de roupa ou circulando pela casa é uma experiência natural, quando isso não provoca constrangimento entre os familiares. Muitas crianças maiores espontaneamente evitam aparecer sem roupa na frente dos outros, inclusive dos pais, mesmo quando estes não evitam a nudez dentro de casa. O essencial é não fazer ameaças e promessas que intensifiquem indevidamente a angústia e a esperança da criancinha. Por exemplo: fazer ameaças ao menininho de que seu pênis será cortado se ele continuar desobedecendo é totalmente desaconselhável; ou prometer que ele vai ser o namoradinho da mamãe porque o papai saiu de casa, viajou a trabalho ou cedeu seu lugar na cama e foi dormir no quarto do filho também é contraindicado, na medida em que dá esperanças indevidas de poder ocupar o lugar do papai ao anunciar, triunfante: "Mamãe é minha!" É muito importante que o filho seja apenas filho, sem preencher outras funções para as quais, obviamente, não está preparado.

Quando Sigmund Freud, o pai da psicanálise, começou a falar em sexualidade infantil, no final do século XIX, em uma sociedade extremamente conservadora, escandalizou muita gente, inclusive nos meios acadêmicos. Atualmente, o problema é evitar a erotização precoce, alertando as famílias para não "roubarem" o tempo da infância rendendo-se à propaganda para vender roupas sensuais, maquiagem e sapatos de salto para meninas de pouca idade para que pareçam mulheres em miniatura, reproduzindo as coreografias sensuais das danças que animam muitos programas de televisão. Ou esclarecendo aos pais de meninos que é totalmente desnecessário mostrar para eles fotos ou vídeos de mulheres nuas para que eles "aprendam a ser machos desde cedo".

15. Desenvolvendo a autonomia

Há crianças (e também adolescentes e adultos) que gostam de "mordomias" e adorariam dispor de serviçais para trazer um copo de água, ajudá-los a se vestir, organizar seus pertences e até fazer suas tarefas. Mas a maioria das crianças sente prazer em conquistar gradualmente a autonomia para fazer muitas coisas por conta própria (comer sozinha, colocar e tirar as próprias roupas e calçados, procurar informações para os projetos escolares), incluindo algumas atividades para as quais ainda não estão prontas sem a assessoria de um adulto (sair à rua para comprar um sorvete, entrar e sair do elevador sozinha).

O bebê é muito dependente de seus cuidadores, na família e na creche. Mas, quando começa a movimentar-se por conta própria e a andar com firmeza, surge a necessidade de expandir a autonomia, lançando as bases da capacidade de cuidar bem de si mesmo. Contratar uma babá exclusivamente para cuidar da criança pode atrasar o desenvolvimento da autonomia, pois elas estão lá para mostrar serviço, fazendo as coisas pela criança: dão comida na boca, tiram e colocam roupas e sapatos, limpam o bumbum, ensaboam, enxáguam e enxugam, guardam os brinquedos espalhados pela casa, mesmo quando a criança já faz tudo isso por conta própria quando está na pré-escola ou na casa de amigos.

Mães, tias e avós dedicadas também podem prolongar indevidamente essa etapa de grande dependência. É importante colocar objetos ao alcance da criancinha, estimulando-a a escolher e tomar a iniciativa, por exemplo, de pegar a roupa e tentar vesti-la.

A princípio, ficará desajeitada, mas depois conseguirá, com alguém para ajudá-la o mínimo necessário e encorajá-la a continuar tentando, em vez de fazer tudo por ela. O mesmo no banho, em que pode começar ensaboando braços e pernas ou enxugando a cabeça. Em vez de ficar "com pena" da criança ao vê-la se esforçando para aprimorar novas competências, que tal se alegrar em vê-la subir mais um degrau de seu crescimento?

É claro que há crianças que querem desistir diante da primeira dificuldade: fazem beicinho, choramingam e pedem, dengosas, "Ah, não consigo, faz pra mim?" Por mais tentador que seja apressar-se para fazer coisas por ela, vale a pena convidá-la a tentar outras vezes para, pouco a pouco, perceber que pode vencer os obstáculos. Deixar de "fazer tudo" pela criança dá a ela a oportunidade de aprender com seus erros, suportar a frustração de não saber, desenvolver a persistência, encarar os fracassos sem desistir de continuar tentando. Construir autoconfiança é mais útil para a vida do que eternizar dependências!

Para dominar tarefas mais complexas, um bom caminho é fracioná-las em unidades simples. Por exemplo, a criancinha começa a colocar a meia nos pés, e o adulto completa a tarefa, enquanto elogia o esforço de aprendizagem. Isso ajuda a formar a percepção de sua própria competência. Na escola, o educador incentiva a autonomia da criancinha encorajando-a a participar de algumas tarefas coletivas (pegar materiais que serão utilizados nas atividades, guardar brinquedos) e individuais (colocar o calçado quando acaba a brincadeira na caixa de areia, entre muitas outras oportunidades), deixando para intervir somente quando percebe que a criança está muito frustrada por não conseguir realizar a tarefa após algumas tentativas.

Estimular a independência é dar escolhas ao alcance da criança: "Quer vestir a calça azul ou a vermelha?" Outra possibilidade é dar escolhas mantendo as regras: "Os dentes precisam ser escovados antes de dormir. Quer escovar antes ou depois de colocar o pijama?" Estas escolhas possíveis evitam muitas cenas de birra e incentivam a cooperação. No entanto, é preciso ter cuidado para não oferecer escolhas fora do alcance da criancinha. Não é possível perguntar: "Quer ir para a escolinha hoje ou prefere ficar vendo televisão?"

A mudança do berço para a cama é um marco importante: embora uma criancinha mais ousada consiga pular para fora do berço, a ausência de grades representa uma liberdade incomparavelmente maior para entrar e sair da cama. É um passo a mais na direção da autonomia: não precisa mais esperar para alguém tirá-la do berço!

O fortalecimento da vontade própria frequentemente se associa ao prazer de fazer oposição: "Tão pequenininha e tão voluntariosa!", comentam pessoas da família, assustadas com a obstinação da criança. Especialmente em torno dos três anos, o "não" que marca a oposição tem por função experimentar a força de sua vontade e afirmar a própria individualidade pelo contraste: "Sou eu mesma quando faço o contrário do que os outros querem que eu faça!" É importante que as pessoas da família ofereçam as escolhas possíveis, reconhecendo o que a criancinha quer, embora não concordem em realizar seu desejo (por exemplo: "Eu sei que você adoraria rabiscar a parede, mas não pode. Vamos pegar uma folha grande de papel para você fazer um desenho bem bonito!"). Ser amorosamente firme com a criança é a melhor maneira de ajudá-la a conter o impulso de fazer o que não pode sem criar clima de guerra.

Na adolescência, o comportamento de "ser do contra" costuma ressurgir com força total: é a segunda etapa da necessidade de afirmar sua individualidade por meio da oposição. E alguns adultos continuam cultivando a mesma característica...

Quando os pais ficam assustados ou furiosos com tamanha demonstração de poder, tendem a estimular brigas incessantes para medir forças com a criancinha e, às vezes, isso evolui para um verdadeiro campeonato de berros e tapas para ver quem é o mais forte. Para muitas crianças, ser capaz de fazer coisas que deixam os adultos exasperados e descontrolados é uma enorme fonte de prazer e de afirmação de poder. Nessa balança custos-benefícios, do ponto de vista da criança, a satisfação de "tirar gente grande do sério" compensa eventuais palmadas e castigos...

A conquista gradual da autonomia é a base da capacidade de autogerenciamento, principalmente quando está acoplada ao senso de responsabilidade. Crianças maiores que caminham bem nesse processo passam a tomar conta de seu espaço e de seu tempo: organizam o material escolar, calculam o tempo de que precisam dispor para terminar uma tarefa e não se atrasar para o compromisso seguinte, e ainda conseguem reservar um bom tempo para brincar e se encontrar com os amigos. O circuito "gato-e-rato" (pais que ficam repetindo ordens infinitas vezes para a criança que responde "já vou!" e não vai) torna-se desnecessário: a autorregulação, o senso de responsabilidade e a autonomia caminham de mãos dadas. Quando aprendemos a tomar conta de nós mesmos, ninguém precisa ficar mandando na gente!

16. Estimulando os sentidos, a memória e a imaginação

A estimulação sensorial tem início ainda na vida intrauterina: o feto, no decorrer de sua formação, começa a perceber estímulos auditivos, visuais, táteis, gustativos; a memória também começa a ser ativada, como mostram diversos estudos em que músicas tocadas ou cantadas pela mãe repetidas vezes durante a gestação são reconhecidas pelo bebê após o nascimento. A "tecelagem" que acontece na gravidez não é só do corpo, é também dos vínculos, e, portanto, de todo o ser. Por meio dessa intensa estimulação no decorrer da vida intrauterina, o ser em gestação forma suas primeiras impressões do mundo: ninguém nasce como "folha em branco"!

O bebê e a criança pequena apreendem o mundo por todos os canais sensoriais: as pesquisas e as incontáveis descobertas do ambiente e das pessoas com quem interagem se fazem com as mãos exploradoras que tudo querem tocar, com o olhar que busca incessantemente o que há ao seu redor, com o conhecimento dos objetos pela textura, sabor e forma (tudo passa pela boca da criancinha!), com a atenção despertada pelos mais variados sons. A "tecelagem neuronal" acontece com uma velocidade impressionante nos primeiros anos de vida: os bilhões de sinapses vão expandindo as percepções da criancinha e formando sua visão de si mesma, dos outros e do contexto em que vive.

Oferecer ao bebê e à criança pequena o acesso a uma rica variedade de experiências multissensoriais e de contato com pessoas abre caminhos para a aprendizagem e o desenvolvimento cognitivo, social, emocional e de linguagem. Os móbiles sonoros que o bebê pode tocar ainda no berço, produzindo sons e pesquisando o objeto em diversos ângulos; instrumentos musicais a partir de um ano (tambor, corneta, sanfoninha, pianinho) que estimulam a criança a "fazer música" de modo livre, divertido e criativo; tintas, pincéis, giz de cera, lápis de cor, cola colorida abrem caminho para criar composições gráficas a princípio sem formas definidas, e, pouco a pouco, delineando as primeiras figuras. Quando está firme em suas próprias pernas, brincar com movimentos do corpo, inclusive de dança, além de correr, escorregar, pular, rodar, expande seu equilíbrio e a percepção do próprio corpo no espaço por meio das informações que a pele, os músculos e os tendões enviam para o cérebro.

Há creches e também famílias que organizam "caixas dos sentidos" para enriquecer o universo sensorial de forma lúdica. Por exemplo, a "caixa de cheiros" pode conter objetos com odores diferenciados, tais como sabonetes, saquinhos com temperos secos (alecrim, orégano) e especiarias (cravo, canela); a "caixa de sons" pode incluir apitos que simulam sons de pássaros, sinos, chocalhos e instrumentos de percussão como caxixis; a "caixa do tato" pode conter objetos com texturas ásperas, macias (lixa, madeira, isopor), pedaços de tecidos sedosos e enrugados.

Mas é sempre bom lembrar que os acontecimentos do dia a dia também podem ser explorados como oportunidades para as experiências sensoriais: oferecer alimentos de cores variadas apresentados com cuidado estético além de nutritivo (o feijão separado do arroz, os legumes e as verduras) transmite desde cedo a importância de "comer com os olhos" além de sentir as diferentes texturas, odores e sabores dos alimentos. É importante, por exemplo, permitir que a criancinha possa examinar uma fruta em diferentes ângulos em suas mãos e cheirá-la antes de comê-la. Objetos comuns da casa são espontaneamente buscados pela criancinha como experiências sonoras (bater com a colher na tampa da panela e em outros objetos para observar as diferenças de timbres que emitem), ou como experiências visuais e táteis (examinar em detalhes a chave que conseguiu tirar da fechadura e tentar colocá-la novamente, abrir e fechar portas para ver o que há do outro lado, sentindo a força muscular que precisa empregar para realizar esses movimentos).

Refinar os sentidos é um processo que pode ser estimulado desde cedo. Um simples passeio a um parque oferece uma enorme gama de experiências: crianças pequenas adoram examinar flores e folhas com uma lupa para apreciar os detalhes dos desenhos, assim como cheiros e texturas. Passar a mão nos troncos de diversas árvores captando as diferenças entre elas, sentir o contato do gramado nos pés descalços, prestar atenção no desenho das asas de uma borboleta ou nas cores de um pássaro. A experiência de ouvir uma bela música com atenção é muito rica para refinar a audição, aprendendo a reconhecer os sons típicos de alguns instrumentos. Na pré-escola, a apreciação de obras de arte abre caminhos para desenvolver a percepção visual (cores, jogo de luz e sombra, formas, composição) e o senso estético a partir de fotos de quadros de pintores conhecidos (ou visitando museus e galerias de arte para apreciar os trabalhos originais). Essa estimulação da percepção visual pode expandir a imaginação e a criatividade, quando encorajamos a criança a criar uma história a partir do que está vendo, imaginar o que sentem ou falam as pessoas que estão no quadro observado ou fazer um desenho inspirado no que viu.

A variedade de experiências sensoriais é imensa, mas a atração pelas "telas" (televisão, computador, celular e outros aparelhos eletrônicos) costuma ser maior do que tudo isso. Em nosso mundo hiperconectado, antes de completar dois anos, a criancinha já passa o dedo pelas telas para ver o que surge, fica fascinada com tudo que ela "faz aparecer" e se frustra quando alguma tela (por exemplo, da TV convencional) não responde a esse comando. Um número crescente de crianças maiores, adolescentes e adultos mergulha no mundo virtual com tanta intensidade que o mundo "real" fica pouco interessante. Essa atração irresistível torna a autorregulação precária: muitas dessas pessoas deixam de fazer suas tarefas, dispensam refeições, horas de sono e demais atividades para priorizar o universo virtual. Portanto, é recomendável restringir o "tempo de tela" ao mínimo possível durante os primeiros anos de vida, dando prioridade à ampla variedade de experiências multissensoriais disponível no cotidiano da casa, da creche e da pré-escola.

Ao ver alguns programas de televisão apropriados junto com a criancinha, os adultos poderão conversar com ela sobre os personagens. Depois, nas brincadeiras, poderão reconstruir algumas histórias com fantoches. São as primeiras sementes da chamada alfabetização de mídia: estimular uma consciência crítica e reflexiva sobre o que vemos para sermos capazes de selecionar aquilo que merece ser visto, da mesma forma que uma educação alimentar bem conduzida nos facilita selecionar alimentos saborosos e benéficos para nosso organismo. A boa nutrição não se refere apenas à comida que ingerimos, mas também ao que escolhemos ver, ouvir e fazer. Podemos nos intoxicar por todos esses canais.

Contar e criar histórias são maneiras atraentes para trabalhar a imaginação e a memória. Entre dois e três anos, histórias sobre situações concretas (por exemplo, dos peixinhos do aquário, de um brinquedo, da própria infância dos pais, sobre a própria criança) despertam grande interesse. A partir dos três anos, histórias do mundo imaginário podem ser contadas, dramatizando com tom de voz, expressões, ritmo mais lento ou mais rápido. Muitos adultos que, no início, sentem-se desajeitados e sem imaginação para contar histórias interessantes podem se surpreender desenvolvendo essa habilidade na prática e se divertindo com isso. Criar histórias em conjunto estimula a imaginação coletiva e pode ser um momento de descontração e leveza para todos. As criancinhas solicitam que as histórias que mais as encantaram sejam repetidas inúmeras vezes, inclusive as que são lidas nos livros: isso é um bom trabalho para a memória. Conseguem reproduzir fielmente os diálogos entre personagens: se, por engano (ou de propósito, para introduzir um elemento surpresa), o adulto fala algo diferente do que está no texto, é imediatamente corrigido: "Não, não foi isso que o coelho disse!"

Envolver as crianças na criação de histórias é um ótimo caminho para desenvolver a imaginação: buscar na memória fragmentos de lugares, personagens, situações e, a partir daí, criar novos elementos para compor uma história. Imaginar-se no interior de uma árvore ou de uma nave espacial que viaja pelas galáxias, ou então criar novos finais para filmes e livros: o importante é dar asas para a imaginação voar bem alto. Essa é a essência da inovação!

No encontro familiar à noite, relembrar os acontecimentos do dia também é um bom trabalho para a memória, além de fortalecer os vínculos compartilhando as experiências de cada um. Para isso, fazer perguntas específicas ("Conte uma experiência que deixou você contente na escola hoje"; "Aconteceu alguma outra coisa que deixou você chateado? Como isso foi resolvido?") contribui para detalhar o relato. A memória é uma imagem que fazemos do passado, como uma colcha de retalhos feita com fragmentos da realidade e costurada com nossa imaginação.

Mas nem sempre o trabalho é para fortalecer a memória: quando aconteceram situações muito assustadoras, é preciso recorrer às histórias e às brincadeiras teatralizadas para diluir e dar novos significados às lembranças que provocam sofrimento, medo e até mesmo sintomas fóbicos. É preciso "escoar" os sentimentos que ficaram fixados na lembrança da situação traumática. Por exemplo, a criancinha está acostumada a subir e a descer pelo escorrega do parquinho e se diverte com isso. Até que, um dia, ela se desequilibra e, antes que alguém consiga segurá-la, cai e fratura um dos braços. Com muita dor, é levada para a emergência hospitalar para ter o braço radiografado e engessado. É possível que, a partir desse episódio assustador, ela passe a ter horror a se aproximar de um escorrega ou comece a chorar desesperadamente quando vê alguém vestido de branco (por ter associado seu sofrimento com os jalecos dos profissionais de saúde). Essas lembranças ficam gravadas em seu cérebro como sinais de perigo que, em sua mente, precisam ser evitados para resguardá-la de novos sofrimentos. São essas conexões que precisam ser modificadas, para que ela possa novamente desfrutar do prazer de subir e descer pelo escorrega e se relacionar com pessoas vestidas de branco sem ficar apavorada.

Nas situações traumáticas, o passado se faz presente ao evocar a mesma intensidade da angústia provocada pelo acontecimento original. Muitas pessoas pensam que o simples passar do tempo se encarrega de fazer esquecer o que aconteceu e que é melhor nunca falar sobre isso para ajudar a esquecer mais rápido. Mas não é bem assim: os sentimentos que ficam represados acabam retornando com toda a carga de sofrimento ou produzindo sintomas para representá-los. Criar histórias que reproduzem a situação traumática (a maioria das crianças prefere que os personagens sejam animais, em vez de meninos e meninas) ou estimular a criança a fazer desenhos que contem e recontem essa história são meios eficazes de expressar os sentimentos represados e, dessa forma, facilitar sua transformação, escoando o medo e a angústia. Assim, o trauma se transforma em acontecimento ao gerar uma história que pode ser contada e passa a ter um significado, para que o desenvolvimento saudável não fique bloqueado.

Capítulo III
Construindo a evolução dos relacionamentos

1. Tecendo uma nova pessoa

A formação da teia da vida é extremamente importante e delicada. A gestação é, portanto, um trabalho de tecelagem de uma nova pessoa. Antes mesmo da concepção, tecemos na mente o desejo e a ideia do filho. A partir da concepção, o ser da mãe e o do feto interagem em múltiplos níveis, tecendo o vínculo que terá repercussões significativas na saúde física e mental do ser que está em formação. Nos primeiros anos de vida, os relacionamentos na família e na escola influenciam profundamente a "tecelagem neuronal". Assim como o corpo do feto é formado a partir do que recebe do corpo materno (e do paterno, no momento da concepção), sua pessoa se forma e se nutre a partir de milhões de interações presentes nos relacionamentos, desde a época da gravidez. Os pequenos momentos do cotidiano, como a troca de fraldas, o banho e a hora das refeições, são grandes oportunidades de interação e de comunicação com o bebê, promovendo a construção dos vínculos.

Nas últimas décadas, o aprimoramento de recursos tecnológicos permitiu estudar a formação e o desenvolvimento do cérebro de modo diferente do que havia sido possível até então: os pesquisadores conseguem observar, em tempo real, os circuitos neuronais que são ativados quando recordamos algum acontecimento ou estamos arquitetando uma estratégia de ação, quando estamos sob o impacto de uma emoção forte ou em um momento significativo de interação com outra pessoa. Os bilhões de neurônios que compõem o nosso cérebro fazem e refazem seus trilhões de conexões no decorrer de toda nossa vida. As experiências que vivenciamos, o trabalho da nossa mente, as atividades que fazemos com maior frequência e nossas interações com outras pessoas modelam nosso cérebro, fazendo e refazendo caminhos neuronais: essa é a essência da neuroplasticidade.

O cérebro, portanto, é um órgão social: já nascemos com a capacidade de construir vínculos. Os relacionamentos são nutrientes essenciais para nossa sobrevivência. Viemos ao mundo para nos conectarmos uns com os outros, e isso modela nosso cérebro. Mas não basta estarmos equipados para isso: também nascemos com músculos, mas precisamos nos exercitar para sermos atletas! Conseguir entender o que se passa conosco, ter sensibilidade e empatia para compreender os outros, ser capaz de fazer boas escolhas e olhar os conflitos como oportunidades de criar soluções satisfatórias para ambas as partes, tudo isso e muito mais depende de um longo processo de aprendizagem para integrar as diferentes partes do cérebro em um todo harmonioso que é a base da saúde e da boa qualidade dos vínculos. Podemos trabalhar com as crianças desde bem pequenas para expandir a amorosidade, considerando que nosso equipamento biológico nos oferece possibilidades, mas não garantias.

Entender melhor a formação e o funcionamento das diferentes estruturas que compõem nosso cérebro ajuda as pessoas da família e da escola a criar abordagens mais eficientes para que as crianças se desenvolvam da melhor forma possível. A questão é olhar para as centenas de momentos de interação que acontecem todos os dias como oportunidades de fazer "boa tecelagem". No decorrer da vida, em especial nos primeiros anos, as experiências pelas quais passamos e os relacionamentos que construímos com os outros se traduzem em circuitos neuronais que modelam nosso cérebro.

Em palavras simples e sintéticas: em nosso cérebro, há dois hemisférios, o direito e o esquerdo. Nos primeiros anos de vida predomina o hemisfério direito, mais ligado às emoções, imagens, comunicação não verbal (expressões faciais, contato visual, linguagem corporal), vinculado às estruturas do chamado "cérebro reptiliano" (responsável pela regulação das funções vitais e "automáticas", tais como respiração, circulação do sangue, reflexos, entre outros sinais do corpo) e do "cérebro emocional" (conjunto de estruturas que compõem o sistema límbico, tais como o hipocampo e a amígdala, que processa e expressa emoções fortes, como medo e raiva).

O córtex orbitofrontal, também situado no hemisfério direito, é uma estrutura extremamente importante para perceber o que se passa com os outros e com nós mesmos, habilidades essenciais para o desenvolvimento da inteligência emocional e social (como podemos ser humanos com os outros humanos). As conexões neuronais envolvidas nessa área do cérebro são ativamente tecidas no decorrer dos milhões de interações quando os adultos que cuidam dos bebês e das criancinhas olham em seus olhos, falam com eles enquanto os estão alimentando, dando banho, trocando fraldas, cantando, brincando, contando histórias. As infinitas repetições desses momentos permitem formar padrões de relacionamento que ficam gravados na memória neuronal. Quando essas interações são predominantemente boas, formam um substrato de visão positiva de si mesmo, dos outros e do mundo:

"Estou sendo bem cuidado; posso confiar nos outros; é bom viver nesse mundo; estou me sentindo amado."

O hemisfério esquerdo do cérebro desenvolve-se progressivamente no decorrer da infância e da adolescência e atinge seu pleno funcionamento na segunda década de vida. Está ligado à verbalização, ao pensamento lógico, raciocínio, pensamento abstrato e de entendimento de causa e efeito. Os dois hemisférios estão ligados por uma estrutura chamada "corpo caloso" que facilita a integração das funções de ambos, para que possamos atingir o equilíbrio entre razão e emoção, criatividade e planejamento, lógica e sentimento. Para desempenhar bem a grande maioria das tarefas, é preciso que os dois hemisférios atuem em conjunto. As diferentes partes do nosso cérebro com suas respectivas funções atuam como uma equipe de alto desempenho quando, no decorrer da nossa vida, aprendemos a integrá-las harmoniosamente.

Nos três primeiros anos de vida, o hemisfério direito do cérebro é o dominante; o começo da fase dos "porquês" sinaliza a atuação mais expressiva do hemisfério esquerdo, manifestando pela palavra e pelo raciocínio o interesse da criancinha de entender melhor o mundo onde está vivendo. Porém, a predominância do hemisfério direito faz com que a criancinha tenha ataques de raiva quando frustrada, grite dando socos, pontapés e mordidas quando não consegue o que quer, tente se apoderar de objetos desejados sem se importar com os outros: a capacidade de parar para pensar, esperar para conseguir o que deseja e fazer "combinados" precisa ser pacientemente construída por meio dos limites bem colocados no contexto da família e da escola e da conexão com as emoções da criancinha.

Reconhecer explicitamente os sentimentos presentes é o primeiro passo para trabalhar a integração dos dois hemisférios: durante os momentos de "tempestade emocional" é impossível usar o pensamento lógico simplesmente porque não dá para "parar para pensar". Primeiro, é preciso que, na "comunicação entre cérebros", haja sintonia entre o hemisfério direito da criança e o do adulto que diz, por exemplo, "olhos nos olhos" ou dando um abraço carinhoso: "Vejo que você está muito aborrecida, vamos ver como você pode se acalmar para a gente conversar." Quando a criança percebe que sintonizamos com o que ela sente, consegue ouvir argumentos, limites e propostas de "combinados". Dessa forma, pouco a pouco, se fortalece a "tecelagem neuronal", que possibilita o desenvolvimento da empatia, da percepção do outro, da flexibilidade do pensamento para vislumbrar alternativas viáveis e da capacidade de fazer boas escolhas.

O período da gestação e os primeiros anos de vida são extremamente importantes para a "tecelagem" da nova pessoa nesse mundo: a qualidade dessa "tecelagem" forma alicerces importantes da saúde física e mental que repercutirá por toda a vida. Por isso é tão importante cuidar do bem-estar da grávida, para que ela tenha condições de gestar com serenidade. Nem sempre isso acontece: mas, mesmo no caso de uma gravidez não desejada que resulte na decisão de dar a criança em adoção, é recomendável que a mulher que vai dar o filho possa gestá-lo com todo seu ser, comunicando-se com o feto, pensando sobre os motivos e o modo como vai acontecer a doação. Nem sempre quem gesta e coloca o bebê no mundo tem condições para acompanhar seu crescimento, mas entre abandonar e doar há uma diferença significativa. Infelizmente, a maioria das pessoas que acompanha a grávida que não vai ficar com o filho a aconselha a nem pensar nele para não se vincular. Com isso, desconsideram-se as diferentes possibilidades do amor: até onde for possível ir, que se vá da melhor maneira. É preciso dizer "alô" para depois dizer "adeus". Desse modo, o luto e o remorso ficam atenuados.

No entanto, a plasticidade do cérebro e da vida emocional da criancinha é tão expressiva que, com o poder do amor, é possível "reescrever" histórias de vida que começaram em terreno inóspito. Isto quer dizer que, mesmo que o ambiente inicial seja extremamente desfavorável para o bebê, tal situação poderá ser compensada por uma mudança significativa na qualidade das interações posteriores. É isto que mostram tantas histórias de famílias que adotaram crianças maiores, com desenvolvimento emocional prejudicado e que conseguiram superar suas dificuldades, florescendo em um ambiente amoroso e acolhedor. Portanto, carinho e estimulação apropriada facilitam o desenvolvimento do cérebro. O amor é a maior força curativa e restauradora que existe!

Ao contrário do que se pensava antigamente, todos nós, como pessoas, somos uma "obra em progresso" durante toda a vida. O desenvolvimento do cérebro é complexo, flexível e dinâmico, inclusive em termos das interações entre carga genética e ambiente: tem início nas primeiras semanas da gestação e prossegue até o final da vida. É claro que, nos três primeiros anos, o ritmo da "tecelagem neuronal" é muito mais rápido do que na velhice, mas, com o trabalho da nossa mente e com a influência dos relacionamentos, podemos fazer mudanças significativas e nos desenvolver como pessoas em qualquer etapa do nosso ciclo vital, inclusive quando cuidamos de criancinhas. Contamos, portanto, com a atuação da "neuroplasticidade" (a capacidade do cérebro de se remodelar a partir das experiências de vida), até mesmo quando as experiências dos primeiros anos de vida não foram muito favoráveis. "Nunca é tarde para ter uma infância feliz": não podemos mudar o passado, mas podemos mudar nossa maneira de olhar o que nos aconteceu. Revisitando o passado com outro olhar, reescrevemos nossa história, encontrando fontes de força nos problemas que enfrentamos e podemos, em muitos casos, cuidar de filhos, sobrinhos, netos e alunos de modo muito melhor do que fomos cuidados.

2. Limites e consequências

Paciência, persistência e compreensão do desenvolvimento da mente das criancinhas são essenciais para educá-las, na família e na escola. "Dou palmadas, sim, porque ele é muito teimoso!", diz a mãe de um menino de um ano e meio. Mas uma criança dessa faixa etária não tem condições de obedecer prontamente às ordens e aos limites porque ainda está sob o comando de seus desejos e impulsos. O "freio interno" é construído pouco a pouco no decorrer da infância (alguns adultos ainda não completaram esse processo e são impulsivos, voluntariosos, destemperados, querem impor suas vontades e não levam os outros em consideração).

Por isso, os limites precisam ser repetidos muitas e muitas vezes, com firmeza e serenidade, até serem internalizados e a criança começar a distinguir, por conta própria, entre o que é permitido e o que não é. Nesse processo, ela começa também a perceber as regras elementares para conviver com outros, na família, na escola e em outros contextos.

Para serem eficazes, os limites precisam ser:

- Claros, coerentes, consistentes – "Não pode bater forte no irmãozinho, só dar uns tapinhas de leve": falta clareza nesse limite, não é possível para uma criança pequena (e, às vezes nem mesmo para adultos irritados e impacientes) fazer essa distinção entre "bater forte ou levemente". Diferente de dizer: "Se estiver com vontade de bater, pode socar a almofada, mas não o irmãozinho, mesmo que você esteja com raiva dele." A coerência e a consistência referem-se a evitar as variações dos limites segundo o estado de humor ou o nível de cansaço dos adultos. "Quando entro em casa depois de um dia inteiro de trabalho, deixo minha filha mexer na minha bolsa, usar meu batom e brincar com meu celular; em outros momentos que ela quer fazer o mesmo, digo que não pode e ela começa a chorar." Falta coerência e consistência: a criança pequena sente dificuldade de distinguir quais os critérios de proibir ou permitir o mesmo ato.

- Acoplados à ação – A comunicação se faz por palavras, expressões corporais e ações. Quando esses três canais estão integrados, enviamos mensagens fortes; quando não estão, é a palavra que perde o poder. "Eu ameaço que vou colocá-lo de castigo se ele continuar se comportando mal, repito a mesma coisa várias vezes, ele não obedece, eu acabo cedendo e não faço nada": em pouco tempo a criança percebe que as palavras não precisam ser levadas a sério, porque estão dissociadas da ação, ou seja, sabe que o "freio externo" não vai funcionar e ela poderá continuar fazendo o que quer. É mais eficaz dizer, olhando nos olhos da criança, com voz firme e serena: "Não pode jogar bola na sala porque vai quebrar coisas, jogue bola no corredor"; se a criança insistir, a bola será tirada das mãos dela e colocada no corredor. Palavras, expressões corporais e ações precisam estar juntas.

E nada disso funcionará de imediato: há professores de Educação Infantil que se queixam de que as crianças não param quietas e dão escândalos quando frustradas. Não é nada fácil colocar limites em grupo e lidar com a raiva vinda da frustração dos desejos, mas as atividades interessantes que estimulam a criatividade e o desejo de aprender envolvem as crianças de modo significativo.

Poucas palavras e ações pertinentes: há pessoas que falam com as crianças pequenas como se fossem adultos em miniatura, dando longas explicações para justificar o limite colocado e, às vezes, com um tom de voz que parece estar pedindo desculpas por dizer "Não pode!". Isso enfraquece a força da mensagem. A disciplina transmitida com amor é ensinamento, e não punição. "Eu tenho que impedir você de fazer isso, até que você consiga parar sozinha": a criança ainda incapaz de exercer a autodisciplina poderá ficar muito contrariada por se ver impedida de fazer o que quer, mas entenderá que essa ação é necessária. O que não a fará desistir de testar os limites ("será que seu insistir mais um pouco ela vai deixar"?), que precisarão ser reafirmados enfatizando a diferença entre o sentimento amoroso e a firmeza da disciplina: "Eu amo você, mas não gostei do que você fez!"

E quando os limites, mesmo repetidos com clareza, coerência e consistência, continuarem sendo desrespeitados? Isso acontece com muita frequência até com crianças maiores e com adolescentes. E aí entra a importância das consequências.

Não gosto do conceito de "castigo" e não acredito em "palmadas educativas". As crianças precisam de orientação e de redirecionamento, e isso é o que as consequências acopladas aos limites oferecem. E, afinal, se as professoras que lidam com grupos de criancinhas precisam aprender a colocar os limites devidos e manter a disciplina sem recorrer a palmadas ou a outros castigos físicos, por que as pessoas da família não podem fazer o mesmo? Antigamente, os castigos físicos eram permitidos nas escolas (deixar a criança ajoelhada no milho, bater nas mãos com palmatória, entre outras coisas); também era aceitável que os pais tivessem o direito de "educar" dando surras com cintos, varas de marmelo, chicotes. Essas práticas, atualmente, são consideradas como violência contra a criança. É perfeitamente possível educar sem bater ou recorrer a castigos humilhantes (como, por exemplo, desqualificar a criança na frente de seus colegas) fazendo a integração entre limites e consequências.

Diferentemente do conceito de castigo, a consequência mostra a necessidade de adotar condutas ligadas ao limite colocado que funcione como "freio externo" eficaz, estimulando o processo de construção do "freio interno". Por exemplo, quando a criança derrama o copo de suco de propósito, precisará limpar a mesa; quando espalha um monte de brinquedos pelo chão, precisará recolhê-los antes de passar para outra brincadeira; quando uma criança em torno de três anos ou mais tem um ataque de raiva incontrolável, precisará ficar na "cadeira do pensamento" (ou expressão semelhante) até conseguir se acalmar e conversar sobre o que aconteceu. Crianças maiores se beneficiam muito com essa consequência de literalmente "parar para pensar" e depois falar sobre o que poderia ter sido feito em vez de ter o ataque intempestivo.

Adultos que se sentem desafiados pela criancinha que não aceita limites costumam ficar enraivecidos e, nesse momento, não resistem à tentação de dar castigos que não serão cumpridos: "Vai ficar um mês sem ver televisão!" é totalmente inoperante. Em primeiro lugar, por causa da construção da noção de tempo: uma criança pequena não dimensiona com clareza o que é "um mês". Em segundo lugar, quando a raiva passa, o adulto percebe que exagerou na dose, ou então esquece o que falou dois dias depois e a criança volta a ver televisão tranquilamente. A palavra perderá o poder: e esse é um recurso muito precioso para a educação. Precisamos tomar cuidado para não deixar que isso aconteça!

A falta de limites é prejudicial, o excesso também é. Não é fácil encontrar a dose certa! A criatividade para encontrar meios de estimular a cooperação da criança que está aprendendo a cuidar bem de si mesma é um recurso essencial para os adultos que lidam com ela. Alegria e bom humor são ferramentas muito úteis: quando a mãe canta para o filho desde que ele ainda habita o útero está descobrindo essa leveza do contato. Entre dois e três anos, criar músicas divertidas para escovar os dentes, tomar banho e guardar brinquedos (inclusive com a participação da criança nessa criação) evita o risco de formar padrões de brigas crônicas, ameaças e castigos ("já tentei de tudo, nada dá certo, ele empaca e diz que não vai fazer o que estou mandando..."). Descobrir que "pegar leve" é muito mais eficiente do que "pegar pesado" com a criancinha pode nos ajudar a perceber que o mesmo acontece em muitas outras situações da vida!

Juntar as competências da família e da escola
Faz as criancinhas se desenvolverem bem.
Limites claros, coerentes, consistentes,
Quando não são respeitados,
Resultam em consequências.
Assim fazemos bons acordos de convívio
Na base do respeito e da colaboração.
A inteligência para os relacionamentos
Melhora a qualidade da comunicação.

3. Conversando sobre os sentimentos

A primeira forma de conversar sobre os sentimentos é pela pele: o recém-nascido consegue captar amor, ternura, ansiedade, tensão, insegurança, irritação pelo simples ato de ser pego ao colo. Nossos sentimentos se traduzem por muitos sinais corporais:

tensões musculares, qualidade do olhar, tom de voz, entre outros. Por exemplo, a mãe insegura, cansada ou irritada está com seu bebê no colo tentando entender o motivo de seu choro ininterrupto; frustrada por não conseguir acalmá-lo, os músculos de seus braços se enrijecem, a voz revela sua aflição, e o bebê chora ainda mais. Nesse momento, outra pessoa, mais calma no momento, envolve o bebê em seus braços, o acalenta suavemente, a voz doce: termina o choro, o corpinho relaxa, ele se acalma e chega até a adormecer. Mágica? Não, apenas o poder dos sentimentos que circulam entre as pessoas que se comunicam envolvendo, inevitavelmente, os canais sensoriais.

Muito antes de conseguir falar as primeiras palavras e formar as primeiras frases, a criancinha entende o que dizemos, sobretudo quando falamos de forma clara e simples, olhando-a nos olhos. Isso é importante para construir os alicerces da comunicação: "você gostou dessa comidinha, comeu tudo e está contente!"; "ah, que pena, o brinquedo quebrou e você ficou triste!". Nomear os sentimentos é o primeiro passo para o autoconhecimento. O mundo interno de muitos adultos está sempre enevoado: não conseguem perceber claramente o que sentem.

Quando o vocabulário se expande, falar sobre os sentimentos pode se tornar uma prática comum na comunicação com as pessoas da família e da escola. Crianças a partir de três anos conseguem falar claramente sobre o que sentem, e isso solidifica as bases da inteligência emocional: colocar em palavras o que anteriormente só era possível expressar por ações intempestivas. "Estou com raiva de você, sua chata!" é um desabafo aceitável, em vez de dar chutes ou socos em quem tenta impedi-la de fazer o que deseja. "Fico triste quando você grita comigo!": às vezes as crianças dão sinais claros aos adultos de que eles podem educá-las de modo mais sereno!

Expressar o que sentimos com clareza contribui para o melhor entendimento do que está acontecendo:

> – Mamãe, você está triste comigo? – pergunta a menina de quatro anos ao perceber que a mãe não está animada para brincar com ela.
> – Não, querida, estou cansada e preocupada com coisas do meu trabalho.

É claro que não se trata de colocar a criança na posição de confidente para que o adulto desabafe suas preocupações. Nem expressar os próprios sentimentos para "chantagear" a criança ("Mamãe vai ficar muito triste se você não comer tudo..."). É apenas uma questão de estar atenta às percepções da criança que, na primeira infância, pensa que a maioria das coisas acontece por sua causa ("acho que fiz alguma coisa para deixar a mamãe triste") e esclarecê-la de que o que sentimos se refere a outras situações que ocorrem em nossas vidas.

Muitos adultos nunca cultivaram o hábito de conversar sobre os sentimentos, nem mesmo em seus relacionamentos mais significativos. De temperamento reservado, são fechados para os outros e até para si mesmos, com dificuldade de acessar os próprios "arquivos emocionais". Cuidar de uma criança pequena é uma oportunidade de abrir esse canal que, na verdade, é a base da inteligência de relacionamentos e da habilidade para resolver conflitos. Falar sobre os sentimentos presentes nos "circuitos interativos" aguça a percepção de que o que fazemos influencia o que o outro faz e vice-versa:

> – Quando seu colega arrancou o brinquedo da sua mão, você ficou com raiva e deu soco no rosto dele; aí, ele também ficou zangado e bateu em você. Agora vamos pensar como isso poderia ser resolvido sem briga – a professora conversa com as duas crianças,

mostrando que, se a briga foi dos dois, ambos terão de resolvê-la da melhor forma possível.

Algumas escolas de Educação Infantil estão adotando a prática da "roda de conversa", em que crianças a partir de quatro anos são estimuladas a falar sobre momentos difíceis no relacionamento com colegas ou com pessoas da família, conversando sobre os sentimentos e pensando em conjunto caminhos melhores para lidar com as situações. Essa prática ajuda a desenvolver a empatia.

Os sentimentos se transformam uns nos outros, na medida em que são reconhecidos e claramente expressos. A raiva, por exemplo, surge da frustração, da tristeza, da mágoa. "Passear" por essas camadas de sentimentos e trazê-los à tona na conversa ajuda a criança, e os adultos também, a perceber com mais clareza o que acontece dentro de si próprios e dos outros. O simples fato de reconhecer e nomear os sentimentos, até mesmo com humor, faz com que a criança se sinta compreendida e isso, por si só, contribui para a transformação do cenário:

> – Quando eu disse que acabou a hora de ver televisão você ficou chateada e aí apareceu uma raiva maior do que você!
> – Eu odeio você!!!
> – Uau, então me mostra o tamanhão dessa raiva! – e a criança desenha no ar a raiva gigante, começando a rir.

Situações assustadoras e inesperadas (a criança cai, fratura a perna ou precisa passar por uma cirurgia de emergência; ela e pessoas da família foram vítimas de um assalto) provocam sentimentos intensos que persistem e se manifestam por dificuldades de sono com pesadelos, mudanças de comportamento e outros sintomas. As situações traumáticas precisam ser "revisitadas" por meio de brincadeiras que reproduzem o que aconteceu, segundo o ponto de vista da criança. Os sentimentos de pavor, raiva, tristeza e outros precisam ser abordados para que essa experiência emocionalmente pesada possa ser "digerida" e, com isso, restaurar o equilíbrio emocional.

Em alguns momentos da vida todos nós passamos por situações difíceis, e as crianças não são poupadas dessa realidade. Conversar sobre os sentimentos recorrendo aos desenhos e às brincadeiras ajuda a fortalecer a resiliência (a capacidade de superar as adversidades criando recursos para atravessar os caminhos difíceis). Quando é possível preparar antecipadamente a criança para o que vai acontecer, aumenta-se a possibilidade de criar recursos para lidar com a situação nova. Por exemplo, se os pais decidirem se separar, é importante reconhecer a tristeza e a saudade inevitável (como disse um menino de quatro anos: "quando estou com mamãe, sinto saudades do papai; quando estou com papai, sinto saudades da mamãe"), ver como isso pode ser aliviado (as crianças, ainda na primeira infância, facilmente se comunicam por celular, computador e outros aparelhos), assegurar que ela continuará sendo amada e bem cuidada mesmo quando o papai e a mamãe estiverem em casas diferentes (se os adultos conseguirem transformar decepções, raiva, mágoa em desejo de fortalecer a relação parental mesmo com o término da relação amorosa entre eles).

Portanto, a conversa sobre os sentimentos precisa ser cultivada desde os primeiros anos e no decorrer de toda a vida para ampliar a inteligências emocional e social, possibilitando a construção de uma melhor qualidade de comunicação.

4. Os "combinados": como lidar com os conflitos

Os conflitos acontecem quando duas ou mais pessoas sentem necessidades diferentes que não podem ser satisfeitas ao mesmo tempo do modo como se apresentam.

– Está na hora de dormir!
– Não está não!

É claro que esta é a definição mais básica de conflito. Também envolve diferenças de opiniões, crenças, valores e visões de mundo. Nos relacionamentos entre pessoas, grupos e nações, surgem conflitos complexos até o ponto de alguns deles serem considerados intratáveis, arrastando-se por décadas, falhando todas as tentativas de alcançar um acordo minimamente satisfatório e duradouro. Brigas crônicas e infrutíferas, vínculos rompidos, retaliações e guerras surgem a partir de profundas dificuldades de gerenciar conflitos, seja na família, no ambiente de trabalho, em comunidades e entre países. Como as novas gerações estão chegando a um mundo interconectado e cada vez mais interdependente, todos estão ligados com todos e tudo com tudo. Portanto, aprender a reconhecer e a conviver com as diferenças é uma habilidade a ser desenvolvida desde cedo. Adultos intolerantes, teimosos, que acham que estão sempre "certos" e, por isso, tentam impor suas convicções aos demais ainda precisam evoluir muito nesse processo: se estão cuidando de crianças pequenas, podem aproveitar a oportunidade e aprender junto com elas!

Porém, diferenças não conduzem, necessariamente, a incompatibilidades. Felizmente! Reconhecer as diferenças pode incentivar o desejo de encontrar uma solução satisfatória para ambas as partes e, assim, chegar a um acordo ou, na linguagem mais comum para as crianças, a um "combinado". O mais importante é evitar "bater de frente": são as crianças que vencem a maioria das brigas de poder! Com choro estridente, gritos agudos e uma incansável disposição para repetir centenas de vezes "mas eu quero!", levam a nocaute boa parte dos adultos.

Especialmente entre dois e três anos (a segunda edição desta fase acontece na adolescência), a necessidade de ampliar a autonomia se expressa pelo oposicionismo: "Não!" passa a ser a palavra mais utilizada quando alguém começa a dizer alguma coisa que espera que a criança faça. "Tem muita vontade própria!" é o comentário atônito dos adultos que enfrentam essa sólida resistência. Por isso, oferecer uma "saída honrosa" que permita à criança exercer sua autonomia e fazer escolhas possíveis costuma ser muito eficiente para lidar com os pequenos (e múltiplos) conflitos do dia a dia.

– Está na hora de escovar os dentinhos!
– Nãoooo!
– Hummm... Você vai escovar com a sua mão ou quer que eu ajude?

Com essa abordagem, a resistência diminui e, gradualmente, a criança aprende a formular "combinados" aceitáveis: "Eu escovo os dentes de cima e você me ajuda com os de baixo"; "Quando acabar esse desenho, eu mesma vou desligar a televisão e dormir". Mesmo quando se trata de limites inegociáveis (ter de escovar dentes, tomar banho, dormir o número de horas suficiente, entre muitas outras coisas), é possível respeitar a autonomia da criança para escolher ações viáveis. Isso evita problemas desgastantes do relacionamento, em que adultos e crianças medem forças uns com os outros, brigando desde a hora em que acordam até a hora de dormir, com inúmeros ataques de birra, choro, gritos, castigos e ameaças ineficazes.

O "amigo imaginário", que a maioria das crianças cria para se relacionar no mundo das ideias, é frequentemente utilizado como estratégia para escapar das consequências quando os "combinados" não são cumpridos. É ele o autor dos malfeitos, é quem sente inveja, raiva. É ele que não gosta de tomar banho nem de escovar os dentes – ou seja, tudo que desperta resistência, vergonha ou sentimento de culpa na criança é transferido para o amigo imaginário.

Mas isso não impede a criança de se relacionar com outras "de verdade" e ter de construir saídas para as desavenças. Duas crianças estão disputando ferozmente a posse de um brinquedo, entre xingamentos, tapas, pontapés. A professora intervém lembrando o "combinado" feito com o grupo:

> – Lembram que não pode bater nem xingar os colegas? Vamos pensar como vocês podem resolver isso sem brigar desse jeito!

Ambas as crianças dirão o que querem fazer com aquele brinquedo e como resolverão o conflito de desejos: conseguirão criar uma brincadeira em conjunto? Vão preferir combinar quanto tempo cada uma poderá brincar em separado? A prática de ouvir o que cada pessoa quer e pensar em conjunto uma solução razoavelmente satisfatória para ambas as partes é o alicerce do gerenciamento de conflitos, habilidade indispensável para construir uma boa qualidade de relacionamentos na família, na escola, no trabalho e na sociedade.

Essa também é a base da construção da "paz com os outros", ou seja, da solução não violenta de conflitos. O fundamento de tudo isso é a construção da percepção do outro, com seus desejos e necessidades, e do respeito por ele. Trabalha também a flexibilidade do pensamento, a escuta atenta, a criatividade para pensar caminhos possíveis para resolver os conflitos que se apresentam, em todas as suas dimensões. Essa habilidade, que precisa começar a ser construída nos primeiros anos é, na verdade, um trabalho de vida inteira. Em todas as idades, sempre é possível aprimorar nosso olhar respeitoso para os outros, aprendendo a conviver com as diferenças e a fazer bons acordos.

Os "combinados" e os acordos precisam prever consequências a serem aplicadas quando não forem cumpridos. Caso contrário, serão "palavras ao vento" e, portanto, ineficazes. Um menino de três anos combina com o pai e com a irmã mais velha que vai olhá-la armar um castelo mas não resiste à tentação de derrubá-lo, o que enfurece a menina; estimulada pelo pai, dá mais uma oportunidade para o irmão, que torna a derrubar as peças que ela pacientemente acabou de rearrumar. A consequência é que ele não poderá continuar ali naquele momento. Ele chora, grita, esperneia em protesto, mas o pai o leva para outro lugar da casa para que ele faça outra coisa, porque não cumpriu o combinado.

Conflito é bom quando nós
Buscamos a solução
Que mais consiga combinar
As diferenças entre nós!

5. Estimulando a cooperação

Na maioria das sociedades, vivemos preocupados em competir. Muitas famílias, querendo oferecer a melhor educação possível para as crianças, não hesitam em submetê-las, com apenas cinco anos, a exames rigorosos para competir por uma vaga em colégios que, desde cedo, vão prepará-las para a universidade. Muitas crianças crescem sendo intensamente incentivadas a serem melhores do que as demais "em tudo", para garantir um lugar de destaque.

A competição, em muitas ocasiões, é inevitável: em concursos, não há vagas disponíveis para todos os candidatos; para estimular nossa evolução em um esporte participamos de campeonatos disputando os primeiros lugares; quando trabalhamos em empresas que colocam metas de desempenho nos esforçamos para alcançá-las em maior medida que nossos colegas de trabalho, e por aí vai. Quando a competitividade é exageradamente estimulada desde cedo, as famílias acabam se lamentando: "Meu filho mais velho não sabe perder: quando o irmão está levando vantagem, ele interrompe o jogo, furioso, ou então arranja um jeito de roubar ou tentar mudar as regras." Perder e ganhar faz parte do jogo, o que não vale é a falta de ética de achar que os fins justificam os meios apelando para qualquer recurso para garantir a vitória a qualquer custo. Perder traz a oportunidade de ver em que precisamos melhorar. Não significa que temos menos valor como pessoas. Quando nos sentimos assim, a vitória do outro é um ataque insuportável que nos fere profundamente.

A competição entre os irmãos está mesclada ao ciúme e à luta por um lugar especial de atenção e de vantagens. O risco é estruturar um "jogo de gangorra" em que para um se sentir "lá em cima" precisa desqualificar e desprestigiar os outros, jogando-os "para baixo". Evidentemente, esse jogo reflete muita insegurança que costuma também se revelar na relação com os colegas da escola: a partir daí a criança aguça o olhar crítico para ressaltar os "defeitos" dos outros ("é orelhudo!", "é muito burra!"). É importante ajudar essa criança a desenvolver o olhar de apreciação ("E o que você acha legal no seu amigo"?) para que ela consiga entender que cada pessoa tem seu próprio brilho, como as estrelas no céu. Para uma brilhar, não precisa apagar as demais.

Nem tudo na vida se resume à competição. Em um mundo interconectado e inundado por informações, a colaboração para a aprendizagem coletiva e a construção do conhecimento por meio de trabalhos em grupo tornam-se cada vez mais importantes e podem ser estimuladas desde cedo. Isso vale desde a Educação

Infantil até o mundo do trabalho organizado em equipes. Para a boa formação das crianças, a colaboração entre família e escola é essencial. Infelizmente, em muitos contextos, família e escola agem como se fossem adversárias, cobrando uma da outra, apontando as falhas sem reconhecer o que funciona, o olhar crítico é muito mais desenvolvido do que o olhar de apreciação. Esquecem que são as duas fatias do mundo mais importantes para as crianças em seus primeiros anos de vida: experiências vividas na família se complementam com as que são vividas na escola, todas são importantes para o desenvolvimento da inteligência emocional e da inteligência social.

Se a casa é de todos, todos podem colaborar: esse entendimento da "equipe familiar" pode ser trabalhado quando a criança é ainda pequena, dentro de suas possibilidades. No século XXI, precisamos desenvolver o olhar sistêmico, captar a interligação das partes com o todo, perceber a importância de nossa participação dentro da coletividade. Não há mais lugar para o individualismo, que predominou no século XX. Precisamos consolidar um espírito de partilha, a noção de que precisamos contribuir para o bem-estar da coletividade, a percepção de que fazemos parte da família-humanidade, inserida na teia da vida com todos os outros seres que habitam a Terra, nossa casa coletiva.

Esse olhar pode ser desenvolvido desde cedo na integração entre a "equipe familiar" e a "equipe escolar": irmãos e colegas de turma podem colaborar uns com os outros, em múltiplas oportunidades de exercitar o cuidado recíproco, mantendo a boa arrumação da casa e da sala de aula, guardando os próprios pertences, ajudando a fazer o lanche que será saboreado por todos, aprendendo a compartilhar brinquedos sem se sentir ameaçado de perdê-los, compreendendo que aceitar as ideias dos outros é um modo de enriquecer as próprias, em vez de pretender impô-las aos demais.

Crianças e adultos possuem talentos diferentes e desenvolvem competências diversas. Ninguém pode ser melhor em tudo e a noção de que somos muito competentes em algumas áreas, medianos em muitas e medíocres em outras tantas traz o conforto de não precisar esperar demais de si mesmo nem de ser impiedosamente crítico com os demais. Ao contrário, pode ser o caminho para descobrir a importância da colaboração, da ajuda recíproca e da complementação de competências em projetos que podem ser desenvolvidos em conjunto. "De que eu preciso? O que posso oferecer?" é o pensamento que norteia a troca de saberes. Essa é a essência do trabalho em equipe de alto desempenho. A expansão dessa habilidade pode começar nos trabalhos coletivos na escola e na partilha de tarefas em família, ao alcance das crianças em diferentes faixas etárias.

6. Educando crianças para construir a paz

Em um mundo com tantos episódios de violência contra as crianças e até mesmo entre elas, o grande desafio para a parceria entre a família e a escola é como educá-las para a construção da paz a partir dos primeiros anos de vida. Há maneiras bem elaboradas de definir o que é paz, mas podemos ficar com uma definição bem sintética: paz é cuidar bem de nós mesmos, dos outros e do ambiente em que vivemos. Trata-se, portanto, de um processo que começa nos primeiros anos de vida e jamais termina.

- Cuidar bem de nós mesmos – é fascinante observar o bebê começando a descobrir seu corpo: os pés, as mãos, a junção de uns com os outros, a capacidade de se manter sentado, o equilíbrio precário dos primeiros passos, a possibilidade de movimentar seu corpo no espaço. No decorrer dos primeiros anos de vida, estimulamos a formação dos hábitos básicos de higiene: escovar os dentes, lavar bem todo o corpo no banho, lavar as mãos antes de comer, apreciar a variedade saudável dos alimentos. Isso vai sedimentando o respeito pelo próprio corpo, o cuidado com a saúde e com a promoção do bom desenvolvimento. E nós? Quando estamos ensinando a criancinha a cuidar bem de si própria, podemos aproveitar a oportunidade para nos perguntarmos como estamos cuidando de nós mesmos? Estamos nos alimentando adequadamente, exercitando nosso corpo, cultivando serenidade? Ou estamos em guerra com nós mesmos, nos maltratando ou ignorando os sinais do corpo que revelam nosso desequilíbrio?

- Cuidar bem dos outros – a capacidade de sentir empatia (colocar-se no lugar dos outros) começa a se desenvolver antes de a criança completar dois anos de idade. Mesmo que, no decorrer dos primeiros anos de vida, ela ainda esteja muito centrada em seus próprios desejos e necessidades, a percepção do outro como também tendo desejos e necessidades que precisarão ser levados em consideração pode começar a se desenvolver. Por exemplo, em um grupo de crianças de três anos, quem primeiro levantou a mão na hora de contar o que fez no final de semana é quem começará a falar, embora outros colegas desejem interrompê-lo para contar as próprias novidades. Aprender a respeitar a vez do outro e esperar por sua vez faz parte do processo de olhar o outro e cuidar bem do relacionamento. Se uma criança avança na outra para arrancar o brinquedo de suas mãos precisará ser lembrada de que é preciso pedir emprestado e convencer o colega a brincar junto; não vale tentar descartá-lo para se apossar do brinquedo desejado.

Quando está em uma festa de aniversário e quer comer os doces antes da hora de cantar parabéns para o amigo, precisará ser lembrada de que ainda não está no momento de fazer isso. Infelizmente, muitas famílias estão com dificuldades de estimular as crianças a desenvolver o respeito pelos outros e permitem condutas selvagens (mesas de aniversário devastadas logo no início da festa, crianças arrancando brindes umas das outras como se não tivessem sequer um brinquedo em suas casas), confundindo "espontaneidade" e "liberdade de expressão" com atos de incivilidade e desconsideração pelos outros.

- Cuidar bem do ambiente em que vivemos – da casa, da escola, do bairro, do país, do planeta. Em cada etapa da vida, podemos ampliar nosso olhar para abarcar diversas extensões do que representa "o ambiente em que vivemos". Esse é o processo da percepção da grande teia da vida, da qual fazemos parte. É o alicerce da visão sistêmica, esse profundo entrelaçamento das partes que formam o todo maior. Desenvolver desde cedo essa visão sistêmica é essencial para entender o mundo no século XXI em rápida mutação e cada vez mais interdependente. Em casa, criar o hábito de guardar os brinquedos espalhados, colocar roupas e sapatos nos devidos lugares, fechar a torneira quando terminar de lavar as mãos, apagar a luz ao sair do quarto; na escola, colaborar para que a sala de atividades fique bem arrumada para todos poderem aproveitar os materiais disponíveis, respeitar os espaços permitidos para espalhar tintas e não sair pintando paredes ou cadeiras são apenas alguns exemplos de inúmeras ações que representam a estruturação de um processo de cuidar bem da preservação do ambiente em que vivemos. E nós, adultos, como estamos nesse processo? Deixamos lâmpadas acesas ou aparelhos de ar-condicionado ligados desnecessariamente? Ficamos horas embaixo do chuveiro, como se estivéssemos nos banhando em uma cachoeira? Jogamos lixo no chão quando estamos andando pela rua, achando que pagamos os lixeiros para catar a sujeira que deixamos espalhada por aí?

Para educar crianças para serem construtores da paz precisamos, em primeiro lugar, ver como nós mesmos estamos nesse processo. Vamos aproveitar a oportunidade de continuar nos educando para construir a paz, cuidando bem de nós mesmos, dos outros e do ambiente em que vivemos!

> *Cuidar bem de nós mesmos e dos outros*
> *E da nossa casa planetária!*
> *É assim que as crianças aprendem*
> *Que nós todos podemos construir a paz,*
> *Ver que a solidariedade,*
> *Junto com a responsabilidade,*
> *Traz para a vida um sentido maior*
> *Que é a essência da felicidade!*

7. Palavras finais

De propósito evitei, neste livro, mencionar demais a mãe como cuidadora do bebê, porque os cuidados podem ser compartilhados por outras pessoas, sem prejuízo para a criancinha. Pai, irmãos, avós, tios, amigos, babás e as pessoas da creche/pré-escola também podem ser pessoas amorosas que transmitem carinho e proteção. Embora a mãe e o pai (ou seus substitutos) sejam as pessoas mais importantes na vida da criança nos primeiros anos de vida, isso não significa que eles sejam os únicos cuidadores. A ligação entre pais e filhos não pode ser medida pelo número de horas que passam juntos. O essencial é que a criancinha sinta, desde cedo, que as pessoas amadas a amam e lhe oferecem condições para desenvolver-se como um ser pleno. Os relacionamentos construídos com amor e bons cuidados formam alicerces sólidos para o desenvolvimento.

A infância foi "descoberta" no século XVIII: a criança passou a ser vista como um ser com características próprias, e não apenas como um adulto em miniatura; no século XIX, percebeu-se que a infância tem um valor especial, inclusive para a economia; no século XX, veio o reconhecimento dos direitos da criança de ser amada e receber educação de qualidade. O século XXI pode aprofundar a noção da competência, da grandiosidade e da sabedoria das crianças como seres capazes de oferecer boas contribuições para o desenvolvimento de todos os que consigam abrir seus corações para criar com elas uma relação de amor e de bons cuidados.